Eva-Maria Ammon

Delfin-Kristallpalast-Ermächtigung

Arbeitsbuch zur Selbsteinweihung

Bitte fordern Sie unser kostenloses Verlagsverzeichnis an:

Smaragd Verlag
In der Steubach 1
57614 Woldert (Ww.)
Tel.: 02684.978808
Fax: 02684.978805
E-Mail: info@smaragd-verlag.de
www.smaragd-verlag.de

Oder besuchen Sie uns im Internet unter der obigen Adresse.

© Smaragd Verlag, 57614 Woldert (Ww.)
Deutsche Erstausgabe Juni 2009
Abbildungen Cover:
© KokaKoala-Fotolia.com
© rgbspace-Fotolia.com
Umschlaggestaltung: preData
Satz: preData
Printed in Czech Republic
ISBN 978-3-938489-92-5

Eva-Maria Ammon

Delfin-Kristallpalast-Ermächtigung

Arbeitsbuch zur Selbsteinweihung

Smaragd Verlag

Bildquellennachweis

Seite	Urheber
1	© Sergey Galushko-Fotolia.com
5, 72, 229	© Leya-Fotolia.com
11, 197	© Fbc-Fotolia.com
22, 29, 58, 68, 71, 91, 94, 105, 112, 116, 119, 122, 143, 200, 202, 232	© rgbspace-Fotolia.com
23, 30, 39, 54, 92, 95, 201	© Markus Gössing-Fotolia.com
53, 106	© NorthShoreSurfPhotos-Fotolia.com
59, 99	© Stefan Richter
69	© Picturetime-Fotolia.com
85	© Eva-Maria Ammon
113, 144	© Michael Klug-Fotolia.com
114	© John Anderson-Fotolia.com
117, 120	© Andreas Acker-Fotolia.com
123	© Andreas Acker-Fotolia.com
147	© Torugo-Fotolia.com
148, 161, 164, 167, 187, 195	© Buchan-Fotolia.com
150, 165	© Simone80-Fotolia.com
156, 162, 188, 203	© Raphaelle Wavrant-Fotolia.com
168	© Jan Prchal-Fotolia.com
183	© Eva-Maria Ammon
190	© Eva-Maria Ammon
191	© Eva-Maria Ammon

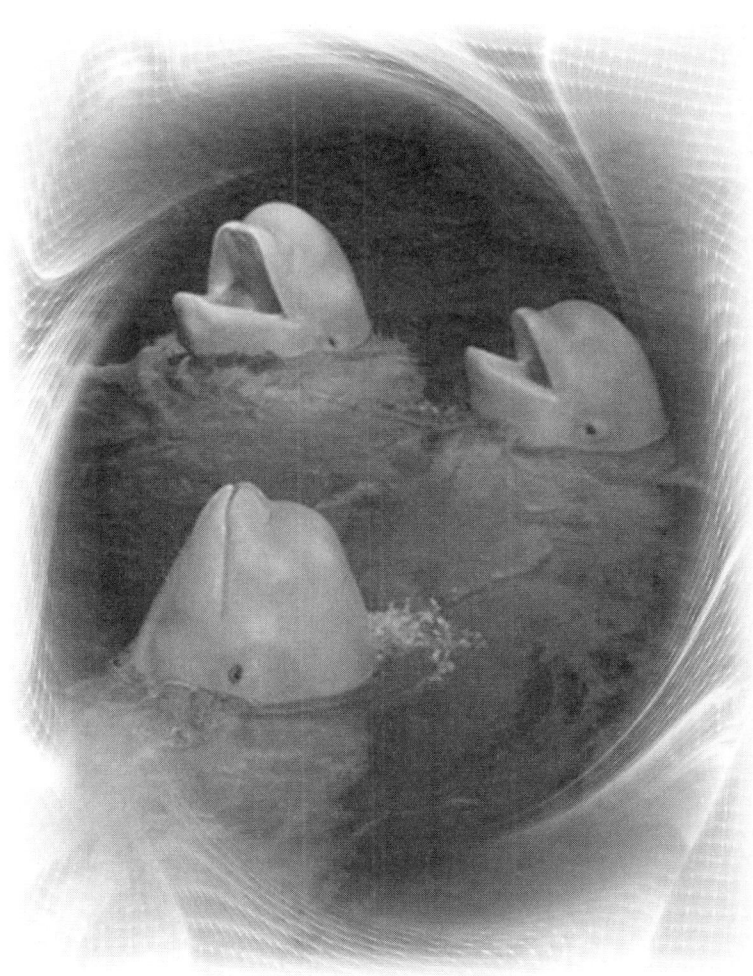

Über die Autorin

Die Autorin lebt mit ihrer Familie in Norddeutschland. Hier gründete sie 1990 das Institut ISIS. Sie arbeitet seit mehr als 20 Jahren mit den Meisterebenen und gibt die Informationen in ihren Büchern und im Internet gerne an die Menschheit weiter.

Seit 1985 arbeitet sie als Autorin und spirituelle Lehrerin und hat in Zusammenarbeit mit den Aufgestiegenen Meistern die alte/neue Heilform Ancient-Master-Healing und die Delfin-Kristallpalast-Ermächtigung begründet, die uns Menschen 2001 von den Aufgestiegenen Meistern zurückgegeben wurden.

Ihr Anliegen ist es, dass möglichst viele Seelen in dieser aufregenden Zeit, in der wir jetzt leben, immer mehr sich selbst entdecken: ICH BIN göttliche Energie, göttliche Schöpferkraft und göttliche Liebe.

www.omkara.de
Email: info@omkara.de

Inhalt

Rechtliches und Regeln

- die sich leider als erforderlich erwiesen haben.

Das Urheberrecht und das Vervielfältigungsrecht in Druckform, Film usw. liegt ausschließlich beim Smaragd Verlag. Die Meditationen dürfen auch nicht eingescannt und auf diesem Weg an Freunde weitergegeben werden. Dieses gilt im Grunde für jedes Autorenwerk, denn es schädigt nicht nur den Verlag, sondern auch die jeweiligen Autoren.

Eine Weitergabe als kostenpflichtiges Seminar ist unethisch und nicht erlaubt. Dieses Buch dient der Selbstermächtigung und der Heilung von Erde und Mensch. Jeder Mensch kann in seine Selbstermächtigung treten, wenn er oder sie dieses für sich und Gaia wünscht.

Die Einweihungen dürfen in keiner Weise verändert, ergänzt oder verkürzt werden. Das ist der ausdrückliche Wunsch der Wal- und Delfinreiche. Demut ist das Zauberwort. Die Einweihungen müssen in ihrer ursprünglichen, hier vorliegenden Form bewahrt werden, da auf diese Weise die Energie so gelenkt wird, wie sie der Erde und dem Menschen zum größten Nutzen gereicht.

Du kannst dir die Meditationen gerne auf CD sprechen, doch nur zu deinem eigenen Gebrauch. Eine Weitergabe an Dritte verstößt gegen das Urheberrecht.

Ich grüße und ehre die Göttin in dir.
Ich grüße und ehre die Göttin in dir.
In tiefer Verbundenheit,
Eva-Maria

Teil 1

Kristallpalast-Ermächtigung

Rückkehr von Lemuria und Avalon

Herzlich willkommen zu den wundervollen Einweihungen in die Kristallpalast-Ermächtigung aus und in Lemuria. Dieser Einweihungszyklus ist ein sehr sanftes und doch kraftvolles System. Jede einzelne Einweihung kann dich ganz tief in deine inneren, lichtvollen Welten und an dein tiefstes Kraftpotenzial führen. Mit jeder weiteren Einweihung wirst du tiefer und tiefer mit der leichten und kraftvollen Energie der Delfine, Walwesen, Feen und Elfen der Meere verbunden und sehr vertraut werden mit den Ebenen des Siriussystems, von dem wir unsere erste Reise zur Erde antraten.

Die Energie der Wale und Delfine, die hier auf unserer Erde ganz spezielle Aufgaben haben und erfüllen, ist eine sehr heilkräftige und Freude bringende Energie. Wir erfahren immer wieder, dass Menschen, die als unheilbar galten, durch die Gegenwart von Delfinen und das Schwimmen mit ihnen wie durch Zauberhand gesund wurden. Diese Genesungen erfolgen durch die spirituellen Heilenergien der Delfine, die durch sie, direkt aus der Quelle transformiert, auf die Erde gebracht und hier verankert werden.

Wenn du *Tatort Jesus* [*] gelesen hast, erinnerst du dich an Timarilamaa. Auf Timarilamaa ist der Mutterkristall, aus

---

[*] Eva-Maria Ammon: Tatort Jesus – Mein Neues Testament, erschienen im Smaragd Verlag

12

dem alle Kristalle hervorgehen. Delfine und Wale sind die Hüter des Übergangs zu dieser Dimension. Sie transformieren die Quellenergien zum Siriussystem und von dort aus direkt in den Schoß von Mutter Erde. Doch davon werden sie dir selbst erzählen.

Delfine und Wale üben auf die meisten Menschen eine unglaubliche Faszination aus. Das ist nicht verwunderlich, denn sehr viele von ihnen sind hier, um für Menschen, Tiere und die Erde zu allen Zeiten die Rückbindung an unseren wahren Ursprung aufrechtzuerhalten. Du musst nicht einmal in der Nähe der Walwesen sein. In dem Augenblick, in dem du dich bewusst in ihre Energie einschwingst, bist du tief mit ihnen verbunden.

Dieses wird ermöglicht durch die vier Einweihungen, die dir mit diesem Buch geschenkt werden. In der aufregenden Zeit der Wende, in der wir heute leben, bist auch du berufen, deine Aufgabe zu erfüllen, die du dir selbst gestellt, bevor du dich in deine jetzige Inkarnation begeben hast.

Indem du die tief greifenden Einweihungen erfährst, bist du in tiefem Kontakt mit allen lichtvollen Delfinen, Walen, Feen, Elfen und Blumenwesen der Meere dieser Erde und anderer Dimensionen. Sie alle verankern ihre Rückbindung an die Quelle auf dieser Erde und machen sie dir hier zum Geschenk.

Großartige, hoch energetische Meditationen ermögli-

chen es dir, dich direkt in die Sphären deiner raumum-
fassenden Heimat zu begeben. Wunderbare Wesenheiten
begleiten dich auf all diesen Wegen. Sie stehen dir von
Anfang an zur Seite. Der Spirit der Walwesenheiten, zu
denen auch die Delfine gehören, wird deine ganz persönliche Begleitung sein.

Wenn du zu den Sternenkindern gehörst, die sich hier
auf der Erde immer noch oder immer mal wieder fremd
fühlen, kann dir die Kristallpalast-Ermächtigung helfen,
endlich hier anzukommen. Du kannst dabei deine Rückbindung an deine, vielleicht unbewusst erinnerte, galaktische Herkunft erneuern, festigen und vertiefen. Die Einweihungen können auf jeden Fall die Wunden deines Inneren Kindes auf tiefen Ebenen erlösen. Sie können dich in
ein freies, strahlendes Wesen, in das Geschöpf des Lichts
verandeln, das du in Wahrheit bist, das vor Leichtigkeit,
Lebendigkeit und Lebensfreude überfließt, wenn du selbst
es dir erlaubst.

Dieses wundervolle Kristallpalast-System ist entstanden aus Meditationen und Führungen, die mir durch *Machalachacharian* zur Heilung meiner eigenen tiefen Verletzungen geschenkt wurden. *Machalachacharian* gab sich
mir vor acht Jahren in Meditationen und während Grup-
penchannelings zu erkennen. Er war mir lange Zeit ein
sehr wertvoller, liebevoller Freund und Begleiter, und ist
es bis heute. Das möchten er und all die anderen wundervollen Wesenheiten, denen du begegnen wirst, nun auch

für dich sein, indem sie dich liebevoll, freudig und lichtvoll durch dieses Buch und durch deine selbstermächtigten Einweihungen begleiten.

Zwar wusste ich von Beginn an, dass er aus dem System des Sirius hierher kam, in dem auch ich mich zu Hause fühlte, doch habe ich lange Zeit nicht nach seiner Aufgabe hier auf Erden gefragt, wenn er sich mir zeigte. Bis zu einem bestimmten Tag, an dem ich ihn fragte, wieso er so viel Zeit hier auf der Erde mit mir verbringt und wie es dort ist, wo er zu Hause ist. Er lächelte sein geheimnisvolles, ansteckendes Lächeln und entschwand.

Kurze Zeit später erwachte ich nachts in seiner wunderbaren Energie. Er zeigte sich mir klar und deutlich und wirkte vollkommen physisch. Ein wunderschöner, lichtvoller Mann, mit langen, seidigen blonden Locken stand beinahe greifbar vor meinem Bett und lächelte mich an. Ich freute mich, *Machalachacharian* so klar zu sehen, war jedoch überrascht über seine Kleidung. Er trug einen silber-glänzenden Overall und erinnerte sehr stark an einen Raumschiffkommandanten aus einem Science-Fiction-Film. Mit sanfter Stimme sagte er: „Komm mit, ich möchte dir etwas zeigen."

Ganz ruhig und voller Bewusstsein verließ ich meinen Körper, und wir schwebten Seite an Seite in die Dimension der Weißen Schwestern- und Bruderschaft. Nachdem ich freudig und liebevoll begrüßt wurde, führte *Macha-*

lachacharian mich in einen überirdisch schönen Garten zu einem traumhaft makellosen Brunnen. Der Brunnen schien unendlich tief und unergründlich. Auch du wirst diesen Brunnen in deiner Einweihung kennenlernen. Während ich hineinschaute, schien der Brunnen mich sanft zu rufen, in ihn einzutauchen.

Machalachacharian nahm sanft meine Hand und nickte mir bestätigend zu. Er half mir, den Rand des Brunnens zu erklimmen, und gemeinsam sprangen wir, obwohl mir leicht mulmig war, hinein. Wir tauchten durch mild kühlendes Wasser hinab; tauchten auf, und ich fühlte es tief in mir: Ich bin zu Hause auf einem Planten, den ich zwar immer wieder in mir erinnert hatte, doch zuvor nicht greifen konnte.

Unser als Heimatplanet gefühlter erinnerter Ort ist der Planet, auf dem wir unsere schönsten Erfahrungen machen konnten. Das taten wir zwar auf sehr vielen Planeten und auch in vielen Universen, doch gibt es für jeden Menschen einen ganz besonderen Stern, wenn wir in den Nachthimmel schauen. In vielen Fällen haben Menschen sich direkt von einem solch wunderbaren Planeten auf die Erde begeben. Daher ist die Erinnerung daran in so vielen von euch noch lebendig.

Machalachacharian nahm mich noch sehr oft mit in seine (meine/deine) Heimat. Diese regelmäßigen Besuche gipfelten dann für mich mit der Kristallpalast-Ermächtigung auf dem Meeresgrund, in einer herrlichen Stadt aus reinstem Kristall. Es ist Lemuria, in der Dimension, in der es heute verankert ist, bis es zur Erde zurückkehren kann.

Lemuria kann und wird zurückkehren, wenn die Erde und die Menschen auf ihr wieder lichterfüllt und freudig sind, so, wie Lemuria einst war. Wale und Delfine leisten dazu, wie du erfahren wirst, einen sehr großen Beitrag der Liebe, im Dienst an der Erde und der Menschheit. Die Kristallpalast-Ermächtigung ist ein kraftvoller Weg, Lemuria, und damit auch Avalon und die große Schöpfergöttin, neu auf der Erde zu verankern.

Ich durfte meine Einweihung im Jahre 2000 in dem für uns auf Erden so unerreichbar scheinenden Lemuria in einer anderen Dimensionsebene erfahren.

Hier, an diesem wundervollen Ort, erfuhr ich von den Walen und Delfinen selbst, welche Aufgabe sie erfüllen, und auch, weshalb wir uns ihnen so sehr verbunden fühlen. An diesen wunderbaren Erfahrungen möchten wir dich jetzt gerne teilhaben lassen.

Dieses grandiose Erlebnis habe ich einige Jahre in meinem Herzen bewahrt, in tiefer Dankbarkeit für dieses Geschenk, das mich seither begleitet. Die Verbindung zu den Walen und Delfinen ist ein so großes Geschenk, dass es mich bis heute mit Dankbarkeit erfüllt.

Eines Tages trat *Machalachacharian* erneut zu mir. Er sagte mir, dass es jetzt an der Zeit sei, meine Erfahrungen mit anderen Menschen zu teilen.

So entstand, in enger Verbindung mit den Delfinen, den himmlischen Wesen des Sirius, den Walen, Feen und Elfen der Meere diese wunderbare Energiearbeit. Zwei Jahre lang gab es die Kristallpalast-Ermächtigung als Ferneinweihung, in der ich noch Mittlerin sein sollte und war.

Doch diese Zeit, dass du andere Menschen brauchst, die für dich Mittler sind, um dich in irgendeine Energie einzuweihen, neigt sich spätestens seit *Metatron – Ancient-Master-Healing* *⁾ dem Ende entgegen. Es ist dies die aufregende Zeit, in der die Erde mehr und mehr Menschen braucht, die sich selbst ermächtigen. Menschen, die bereit sind, das Alte loszulassen und das Neue mit offenen Armen und offenem Herzen zu empfangen.

Je mehr Menschen das Licht der Quelle in sich selbst integrieren, sich selbstermächtigt fühlen und in die Weisheit und Hilfen der spirituellen Dimensionen vertrauen, desto mehr Licht kann auf der Erde wieder den Platz einnehmen, so, wie es zu Anfang hier auf der Erde war. Gaia selbst wird dir alles schenken, was du für deinen Weg brauchst, wenn du dich deinem wahren Selbst hingibst

---

*⁾ Eva-Maria Ammon: Metatron – Ancient-Master-Healing, erschienen im Smaragd Verlag

und zu dem Licht auf Erden wirst, das du in Wahrheit in anderen Dimensionen bist und immer schon warst – von Anbeginn allen Seins.

Die Erde und die Menschheit brauchen die neuen, alten Wege der Großen Göttin. Durch diese Wege, die so lange im Dunkeln lagen, kannst du schneller und klarer zum Licht des Lichtes gelangen. Mit völliger Selbstakzeptanz, Selbstermächtigung und Selbstverantwortung kann dieses Licht hier auf Erden an vielen Orten wieder fest verankert werden.

Die Erde und die Wendezeit brauchen Menschen, die ihren ganz eigenen Wert zurückerobern. Menschen, die es sich wert sind, sich selbst zu ermächtigen und völlig auf sich selbst zu vertrauen – darauf, dass Einweihungen nicht durch einen anderen Menschen, sondern immer durch die tiefe Verbindung mit den Meister- und Engelebenen geschehen.

Kein anderer Mensch kann dich in irgendeine Energie einweihen, wenn du selbst nicht die Basis dafür legst. Alle Begründer einer wertvollen Energiearbeit wurden nach einer tiefen Erleuchtungserfahrung durch die Meisterebenen selbst eingeweiht, um diese dann an die Menschheit und die Erde weiterzugeben. Bisher brauchten viele einen anderen Menschen oder gar einen irdischen Meister oder Guru, die/der sich als Mittler zur Verfügung stellte, um die Energien zu kanalisieren. Dieses führte natürlicherweise immer wieder zu Abhängigkeiten und Ausnutzung, bis hin zur Ausbeutung der Heilssuchenden.

Von diesen Wegen kannst du in dieser herrlichen Zeit Abschied nehmen, denn alles, wirklich alles, ist in dir selbst angelegt, sonst würdest du dieses Buch nicht lesen. Die Meisterinnen und Meister eilen gerne herbei, wenn du dir sicher bist, den Dienst am Quantensprung der Erde, der auch dein eigener Aufstieg sein wird, mit Freude antreten zu wollen. Delfine und Wale leisten hierzu in physischer Form einen entscheidenden Beitrag.

Die Tore zur Quelle öffnen sich. Die Netze, die um die Erde gelegt wurden, werden brüchig und durchlässig. Sie lösen sich auf. Jeshuas Saat geht auf. Es strömt mehr und mehr Licht auf unsere Erde, und eine neue Ära hat begonnen. Die Lichtarbeiterin/der Lichtarbeiter, die auf dem Weg des Erwachens zu einer Lichtbringerin/einem Lichtbringer sind, übernehmen heute die volle Verantwortung für ihren spirituellen Weg, ihr spirituelles Wachstum und für sich selbst. Damit erhellen wir die Wege, die die Erde in eine Neue, Alte Dimension tragen wird.

So bist auch du heute bereit, dich selbstermächtigt auf den Weg zu deiner wahren Essenz zu begeben, dich zu erheben und selbst in die Ebenen der kraftvollen Energien einer Lichtbringerin zu führen, in der lichtvollen Begleitung der Wesen, die die Energien und Frequenzen der Quelle hüten. Dieses geschieht, indem du dich deiner Seele, deinem ICH BIN, den großen Seelen der Walwesenheiten, zu denen auch die Delfine gehören, und der großen Göttinnen der Gewässer in allen Universen öffnest.

So schreibe ich hier für dich, in Zusammenarbeit und in Übereinstimmung mit *Machalachacharian*, *Shareiam* und all den anderen wunderbaren Wesenheiten, die dir begegnen werden, diesen wunderbaren Einweihungszyklus für deine selbstermächtigte Selbsteinweihung, alleine oder in gemeinsamer Erfahrung mit Freunden, indem ihr euch gegenseitig die Texte vorlest.

Ich freue mich, dass du dich selbst ermächtigst und diese tiefgreifenden Erfahrungen mit mir teilen möchtest. Die Kristallpalast-Ermächtigung kann und wird dich tief an das uralte Wissen in dir heranführen, wer und was du in Wahrheit bist.

Du bist ein galaktisches, universelles Wesen, das sich selbst aus der Quelle in das Leben sang. In Wahrheit bist du reines Licht, nur in der Illusion verstrickt, dass die Erde dein einziger Aufenthaltsort ist.

Erkenne und erfahre, dass es keine Grenzen für dich gibt. Erkenne und erfahre, dass du zu jeder Zeit und an jedem Ort dieses wundervollen Universums sein kannst, indem du deine inneren Grenzen überwindest, dir deines eigenen Wertes bewusst wirst und dich führen und begleiten lässt von den wundervollen Meereswesen aus dieser und anderen, lichtvolleren Dimensionen. Sie laden dich ein, deinen spirituellen Horizont zu erweitern und die Göttin/der Gott auf Erden zu sein, die oder der du seit den ersten Atemzügen Gaias hier in dieser Dimension warst.

Ich wünsche dir wunderbare Erfahrungen und die Erkenntnis deiner Ursprünglichkeit, wenn du heimkehrst in die lemurische Energie, die dir seit deiner ersten Inkarnation zu eigen ist.

Ich grüße und ehre die Göttin in dir.
Ich grüße und ehre Gott in dir.

September 2008
Eva-Maria Ammon

Die Essenz der Wale und Delfine

© Markus Gössing - Fotolia.com

Wale und Delfine sind wundervolle Freunde, zauberhafte Eltern und treue Begleiter. Sie lieben die Menschen,
die Erde und die gesamte Schöpfung. Im weitesten Sinne sind sie die Hüter und Hüterinnen der Schöpfung. Sie
zeichnen sich durch ihr soziales, mitfühlendes und liebevolles Verhalten mit- und untereinander aus. Delfine und
Wale verankern durch ihre Rückbindung an die hohen,
lichtvollen Energien das Licht der Quelle auf unserem
Planeten Erde. Sie sind Hüter, Wächter und Begleiter des
Übergangs in die Dimensionen der Quelle, seit Lemuria
und zuletzt Avalon in eine andere Dimension gehoben
wurden.

Sie sind die Heiler der Meere, Hüter und Bewacher der Kristalle, doch auch und insbesondere sind sie voller Freude Heiler für die Menschheit und retten sehr oft in Seenot geratene Menschen. In erster Linie jedoch sind sie hier zur Unterstützung von Gaia, um sie in ihrem Quantensprung zu unterstützen und das Licht auf unserem Planeten verankert zu halten. Indem sie das Licht der Quelle über Timarilamaa zum Sirius und von dort aus auf die Erde lenken und es hier fest verankern, konnten immer wieder lichtvolle Wesen inkarnieren, wie zum Beispiel Jeshua, der eine tiefe innere Verbindung zu diesen wundervollen Wesen hat, die die Menschen wieder erinnern konnten an ihr wahres Sein.

Wale und Delfine sind Hüter des Übergangs zur Quelle, Lenker des Lichts der Quelle und Verankerer dieser Energien hier auf unserem wunderbaren Planeten Erde. Sie bündeln und leiten die heiligen Energien der Quelle auf unsere Erde, damit das Licht hier immer einen Ankerpunkt hat, den sie der Erdrotation entsprechend verschieben und befestigen. Sie hüten damit die Chakren der Erde, die sie ebenso mit Energie versorgen, wie es die Chakren im physischen Körper des Menschen tun.

Ihre Aufgabe ist es, das universelle Licht der Quelle tief am Grund des Ozeans zu verankern, es von dort aus über die Erde zu verteilen und gezielt die Energien zu lenken, zum Wohl der Menschen und zum Wohl Gaias. So sorgen sie dafür, dass das göttliche Licht immer wieder neu integriert und gefestigt wird, auch und gerade dann, wenn es auf Erden am dunkelsten zu sein scheint oder ist.

Jeder Mensch spürt intuitiv, wenn er in Kontakt zu den Erzengeln und Engeln der Meere kommt, dass Wale und Delfine nicht einfach nur Fische sind. Sie sind spirituell und intellektuell hoch entwickelte, denkende, fühlende und mitfühlende Wesen. Ihr Kommunikationssystem ist sehr viel ausgereifter als das unsere. Sie waren und sind seit unserem Eintritt in unser Universum im System des Sirius beheimatet. Sie erinnern sich auch hier auf der Erde daran, dass sie dort in völliger, harmonischer Einheit leben. Diese Einheit leben sie daher auch hier auf der Erde. Sie können gar nicht anders und zeigen damit dem Menschen, dass dieses die einzige erstrebenswerte und erfüllende Form des Zusammenlebens ist.

Sie lieben das Leben auf unserer Erde, im Dienst am großen Plan, die Erde zurückzuführen in das Licht, das sie von Anbeginn an verkörperte. Sie lieben die Seele, die unsere Erde ist: Gaia. Gaia ist ein Wesen aus Licht. Die dunklen Netze, die dieses Licht abschirmten, lösen sich auf. An dieser Auflösung sind die Erzengel und Engel der Meere wesentlich beteiligt. Ihre Leichtigkeit, Lebendigkeit und Lebensfreude, die beinahe jeder Mensch liebt und bewundert, möchten sie mit allen Wesen dieser Erde teilen. Ein Delfin berührt jeden Menschen, denn sie lächeln sich direkt in die Herzen der Menschen. Ihre Energie dringt direkt an den zartesten Punkt der Seele, denn sie bringen, wenn auch für den Menschen unbewusst, die Erinnerung an die Schönheit des Lebens.

Sie repräsentieren und leben die Kraft der großen Schöpfergöttin. Sie retten Menschen, die in Seenot geraten oder einen Taucherunfall haben. Sie schützen die schwachen Wesen in den Ozeanen, indem sie diese immer wieder vor Übergriffen großer Raubfische retten. Daher sehen wir hin und wieder auch Bilder, in denen ein Delfin oder ein Wal so ganz anders zu sein scheint, als die spirituelle Welt sie darstellt, nämlich dann, wenn sie ein anderes Lebewesen angreifen oder gar töten.

Sie können nämlich, neben all ihrer Freundlichkeit und trotz ihres Lächelns, kämpferisch sein und andere Wesen töten, wenn sie diese als Gefahr für das Leben eines schwächeren Wesens sehen. Auch sind sie den Gesetzen dieser Erde unterstellt, sich ernähren zu müssen. Viele Wale leben vegetarisch, doch die meisten Walarten ernähren sich von anderen Lebewesen, damit sie selbst überleben können.

Das ist das Gesetz, das die dunklen Mächte auf diese Erde brachten, als sie im späten Lemuria und später auf Atlantis die Schöpfung dahingehend veränderten, dass unser unschuldiger und reiner Planet zu einem Planeten des Fressens und Gefressenwerdens verkam.

Doch auch wenn sie an diese Gesetze der vergewaltigten Erde gebunden sind, bleiben sie auf allen Ebenen heilend in ihrer Grundstruktur. Das ist kein Widerspruch in sich, sondern die Natur der zerstörten Schöpfung hier auf dieser Erde, zu deren Heilung sie sich verpflichtet haben.

Diese Schöpfung wieder ins Gleichgewicht zu bringen, die Erde mit all ihren Bewohnern immer wieder daran zu erinnern, dass das Leben auf der Erde Gesundheit, Leichtigkeit, Freude und lichtvoll sein soll, das ist ihr selbstergewählter Auftrag hier.

Die Aufgabe der Delfine in den Meeren dieser Erde besteht ebenfalls darin, die gleiche Rolle zu übernehmen, die die Reiche der Engelenergien und der spirituellen, lichtvollen Helfer auf unserer Erde innehaben, nämlich: uns Menschen mehr und mehr miteinander zu vereinigen, in unserem Gefühl für die Reinheit, die sie präsentieren. Sie helfen uns durch ihr Beispiel, sich wieder zu erkennen als Einheit und als Teil von Allem-was-ist, indem sie genau dieses Sein leben.

Die Engel der Meere sind hier, um über die spirituelle Natur der Menschheit zu wachen, die Energien auf der Erde und in den Meeren zu regulieren, dabei zu helfen, uns zu erinnern, dass wir uns zurückverbinden wollen mit unserem wahren Ursprung, und uns zu unserer Erinnerung der erleuchteten Ganzheit zu begleiten. Sie zeigen jedoch auch ganz besonders, dass Tiere ebenso gleichwertig erleuchtete, bewusste Wesenheiten sind, wie der Mensch dieses ganz selbstverständlich für sich in Anspruch nimmt.

Und doch: Sie zählen nicht zu den Tieren. Sie sind die uns bekannteste außerirdische Spezies hier auf unserer Erde.

Ihre Liebe zur Menschheit ist universell, tief und urteilsfrei. Wie bei den Wesen in allen höheren Ebenen überschreitet das Dasein und Tun der Wale und Delfine auf der Erde Zeit, Raum und das physische Universum. Wie oben, so unten. Sehen wir die lichtvollen Wesenheiten in den höheren Dimensionen – oben – als Meisterinnen, Meister, Engel und Erzengel an, so verkörpern die Wale, Delfine, Robben und Feen dieses in physischer Gestalt – unten – hier auf unserer Erde.

Da sie vollbewusste Wesenheiten sind und in ständigem Kontakt mit anderen Planeten, ist ihre Energie raumübergreifend. Daher ist es nicht unbedingt notwendig, dass du zu ihnen fährst, um durch sie Heilung, Führung und Anteilnahme zu erfahren. Ihr Lebensraum sind alle Gewässer dieser Erde. Wasser speichert alle Informationen und gibt sie an jene weiter, die seine Sprache verstehen. Delfine und Wale verstehen nicht nur die Sprache des Wassers, sie sprechen sie. So kannst du, indem du einen kleinen Schluck Wasser mit einem Wunsch energetisierst, diesen sodann ins Meer, in einen Fluss oder einen Bach übergibst, die Delfine und Wale in allen Ozeanen erreichen. Sei dir sicher, dass sie deine Botschaft verstehen, denn das Wasser wird deine Bitte an sie weitertragen.

Du kannst ihnen natürlich auch gerne einen persönlichen Besuch abstatten, wenn es dein Wunsch ist. Doch dann bitte nicht in einem Delfinarium, denn eingesperrt zu sein ist für einen Delfin ein unerträgliches und unwürdiges Dasein. Fahre hinaus auf das freie Meer, rufe sie, und sie werden sich dir gerne und freiwillig zeigen, wenn du es tief in dir wünschst.

Lass dich tief ein auf die Erfahrung der Freude, der Einheit und des Erwachens, wenn du dieses Buch als Arbeitsbuch nutzt. Dann kann dein innerer Kontakt zu den Engeln der Meere und den Energien des Sirius dich auf allen Ebenen befreien.

Ich freue mich auf eine wunderbare Reise mit dir, bis in die höchsten Höhen des Siriussystems mit seinen erleuchteten und weisen Lenkern der Strahlen.

Deine Delfin-Kristallpalast-Ermächtigung

© Markus Gössing - Fotolia.com

Dieses Buch wurde durch die Inspiration von *Shareiam* – dem Spirit der Wale und Delfine – und *Machalachacharian*, dem Hüter der Delfin-, der Meeres- und der Walwelten hier auf dieser Erde, erschaffen. Die Kristallpalast-Ermächtigung hat sich in tiefer Verbindung mit diesen wundervollen Wesen, den Erzengeln und den Engeln der Meere zu dieser Vier-Stufen-Einweihung entwickelt, die hier vor dir liegt. Dieses Handbuch umfasst die vier Einweihungsgrade des Engel-der-Meere-Systems mit den Symbolen, die *Shareiam* mir übermittelt hat.

Die einzelnen Stufen bauen aufeinander auf. Daher nutze dieses Buch, wenn du für dich und die Erde den größten Vorteil daraus gewinnen möchtest, genauso wie ein Arbeits- oder Handbuch. Gehe erst in die nächste Stufe, wenn die vorherige Einweihung in dir gefestigt ist. Ich empfehle dir eine Integrationszeit von mindestens vier Wochen für jede Einweihung, bevor du die nächste erfährst. In dieser Zeit ist es gut, wenn du immer wieder in dein Tagebuch schaust, die Meditationen und die Atmungen regelmäßig wiederholst und neue Erfahrungen darin niederschreibst.

Nach deiner Delfineinweihung gehe immer wieder in Kontakt zu diesen wunderbaren Wesen. Je intensiver du dich auf sie einlässt, sie kennenlernst, mit ihnen tiefe Gespräche führst und auch mit ihnen spielst, lachst und schwimmst, desto tiefer integrierst du die heilsamen Energien in dir. Je intensiver du dich mit ihnen verbindest, desto leichter und schneller kommst du mit ihren Energien in dauerhaft bleibenden Kontakt.

Gaia, die Seele unserer Erde, ist voller Freude über jeden Menschen, der erwacht. Indem du diese spirituellen Energien fest in dir verankerst, unterstützt du Gaia darin, dass die Erde leichter in die neue Energie übergehen kann, die sich auf uns zubewegt, auf die wir uns zubewegen.

Je inniger du mit den Delfinen, den Walen und den Feen der Meere hier auf Erden und deren Spirit in den höheren Ebenen verbunden bist, desto mehr kannst du den Wesen in den Ozeanen hier auf dieser Erde helfen.

Immer noch werden sie grausam von Menschen gejagt, abgeschlachtet und für niedere Beweggründe, über die nur Menschen verfügen, ausgebeutet. Die Meere schreien auf, wenn ein Wal oder ein Delfin gefangen, gequält und getötet wird. Gaia stöhnt unter dem Schmerzensschrei eines Wals oder Delfins, denn sie sind ihre Schwestern und Brüder, so, wie sie auch deine Schwestern und Brüder sind. Wale und Delfine sind weitaus angebundener an die Quelle als die meisten Menschen.

Trotz allem, was ihnen durch Menschhand zugefügt wird, bleiben sie immer in der Energie der urteilsfreien Liebe zu den Menschen. Sie wissen um die höheren Ebenen und den Fall der Wesen auf der Erde. Daher sind sie immer in urteilsfreier Verzeihenshaltung, denn sie wissen, es gibt nichts zu verzeihen in ihren Dimensionen. So schenken sie uns diese wunderbare Kristallpalast-Ermächtigung zur Heilung der Menschheit, zur Heilung der Schöpfung, zur Heilung des Tierreichs, ganz besonders in den Ozeanen, und der Ozeane selbst. Die Ozeane sind die Blutadern der Erde. Sie transportieren die Energien und bedürfen dringend der Reinigung von allen Verschmutzungen durch Menschenhand.

Wenn du deine erste Einweihung empfangen hast, dann sende deine Liebesbotschaft und deine neu integrierten Energien direkt in die Ozeane und die Erde. Je mehr du davon verschenkst, desto mehr wird sie sich in dir selbst festigen. So kannst du deinen Beitrag leisten, damit immer mehr Bewohner Gaias leichter und schneller erwachen. Je mehr erwachen, desto weniger greifen zu Billig-Thunfischdosen, in denen immer wieder auch Delfine landen, trotz „Delfinfreisymbol".

Nimm die Liebe der Walwesenheiten entgegen und schenke ihnen deinen Dank zurück. Liebe ist die einzige Art, Heilung zu erfahren und zu schenken. Wenn du mehr und mehr in deiner Liebe bist, kann Dunkelheit in deiner Gegenwart keinen Raum mehr einnehmen. Und Liebe wächst, je mehr wir sie verschenken. Liebe ist alles, und Liebe zieht alles an, was du dir für dich selbst, für andere Menschen, Wesen oder die Schöpfung wünschst.

In diesen vier Einweihungen werden dir viele Aspekte und vielfältige Informationen über Delfine, Wale, Feen und Blumenwesen der Meere zufließen. Den Höhepunkt bildet dann deine Initiation in das Kristallreich tief im Ozean, der auf dem Sirius sein Gegenstück hat. Hier ist Lemuria neu verankert und wartet darauf, auf die Erde zurückzukehren. Du wirst erfahren, dass Lemuria und Avalon bereits auch hier auf Erden energetisch wieder erreichbar sind, und erhältst die Erlaubnis, in den Kristallpalast einzutreten. Du unterstützt damit nicht nur dich selbst, sondern auch Gaia darin, ihren Lichtkörper in ihren alten Glanz zurückzubringen.

Wenn du dich tief auf die Erfahrungen in den Einweihungen und dann auf deinen Höhepunkt im Kristallpalast einlässt, wirst du unschätzbare Erfahrungen machen und vielleicht erkennen, welch wichtigen Beitrag die Wale und Delfine leisten, damit die Erde trotz der Unausgewogenheit der Menschheit heil und ganz ihrem Quantensprung entgegengehen kann. In tiefer Verbindung und Einheit mit den außerirdischen und irdischen Meereswesen kannst du die Verbindung zwischen Erde, Sirius, dem Universum, den Paralleluniversen, der Quellebene, den Meeressäugern und dir selbst erfahren und neu erkennen.

Tatsächlich ist es so: Wenn du den Ruf der Delfine oder der Wale empfangen hast, erschließen sich bereits alle Kenntnisse über ihre Welten in deinem Herzen. Und vielleicht erreicht dich auch eine tiefe Sehnsucht nach den unendlichen Weiten, den Galaxien, den Universen und den Sternen. Diese Sehnsucht darfst du bereits mit deiner ersten Einweihung in die Delfinenergie stillen.

Die weiteren Einweihungen werden dich auf deine Reise zu den Sternen, in dieser und in anderen Dimensionen, vorbereiten. Hier darfst du ganz tief in die spirituellen Erfahrungen der Wale und Delfine eintauchen. Diese Erfahrungen können der Schlüssel sein zu deiner Erleuchtung. Sie können dich auf deinem spirituellen Weg unschätzbar unterstützen und weiterbringen.

Ich hoffe und glaube, dass die Kristallpalast-Ermächtigung dein Leben zum Positiven hin verändern und erleuchten kann. Indem du dich einschwingst in diese kraftvollen Energien, kann neues, tiefes Mitgefühl für alle Geschöpfe auf Erden und für dich selbst in deinem Herzen Einzug halten.

Gleichzeitig wünsche ich dir, dass der Weg, auf dem du bist, dein Schritt zur spirituellen Selbstheilung, dem neuen Erfahren der Freude, der Heilung deines Lebens und unseres geliebten Planten Erde ist.

Dieses Buch dient dem Selbststudium und der Selbsteinweihung. Du kannst dich also völlig eigenverantwortlich alleine in diese hochschwingenden Energien einweihen. Du kannst diese Einweihungen jedoch auch mit anderen Menschen teilen, indem ihr euch gegenseitig die Texte vorlest.

Du kannst auch eine kleine Gruppe gründen und dir selbst und den anwesenden Menschen eine schöne Zeit bereiten, indem du (oder ihr) einen feierlichen Rahmen erschaffst. Du kannst dann die anwesenden Menschen mit deiner Stimme und deiner Freude begleiten, in ihrer Erfahrung der Erzengel, Engel, Feen und Elfen der Meere.

Wisse, dass es niemanden gibt, der dich oder einen anderen Menschen einweiht. Wenn du Begleiterin oder Begleiter bist, dann bist du lediglich Vorleser/in und zeichnest vielleicht das Symbol in die Chakren, wenn es von beiden Seiten gewünscht ist. Die Einweihungen kommen durch die lichtvollen Walwesenheiten selbst. Doch für dich kann es durch liebevolles Ermöglichen einer solchen Gruppeneinweihung eine wunderbare Erfahrung sein, tiefer und tiefer in dir selbst eingeweiht zu werden.

Hierbei ist eines wichtig: Solche Gruppentreffen dürfen nicht der finanziellen Bereicherung dienen. Das wäre gegen die Anweisungen, die durch unsere Freunde aus den Meeresebenen aller Planeten gegeben wurden. Du darfst es auch nicht Seminar nennen, denn es ist alles in diesem Buch hier enthalten. Es braucht kein Seminar mehr, da es ein Buch ist, in dem du dich selbst ermächtigst, die Einweihungen zu empfangen. Mehr ist nicht zu tun.

Organisiere einfach, wenn du es möchtest, eine kleine Gruppe, die sich zu Delfinen hingezogen fühlt und diese Erfahrung im Freundeskreis gemeinsam erfahren möchte. Oder suche dir Gleichgesinnte im Forum (Adresse im Anhang), wenn du solche Menschen nicht kennst. Erfahrungsgemäß finden sich immer wieder Menschen aus der gleichen Gegend, die solch eine wunderbare Erfahrung miteinander teilen können. Wichtig ist und bleibt, dass du selbst (und deine vielleicht neuen Freunde) den tiefen Wunsch verspürst, alles mit Heilung zu erfüllen, was auf der Erde, in dieser Schöpfung, der Heilung bedarf. Dazu gehören ganz besonders die Gewässer dieser Erde.

Es ist nicht so, wie es in esoterischen Kreisen oft propagiert wird, dass die Meister jedem Menschen zu Hilfe eilen, um seine oder ihre Dinge zu erledigen. Die Meister und Meisterinnen aus allen Ebenen des Lichts erkennen Menschen nur an dem Licht der urteilsfreien Liebe, an der Bereitschaft, der Erde bei ihrem Quantensprung zu helfen. Wenn sie in diesem Licht den tiefen Wunsch erkennen, dass du bereit und willig bist, deinen Beitrag zu leisten, dann, und erst dann, eilen sie herbei und geben sich dir zu deiner Unterstützung zu erkennen, wenn du darum bittest.

Ganz besonders schön kann es sein, wenn du eine Kindergruppe gründest und mit ihnen spielerisch die Welt der Engel der Meere erforschst.

Die Kinder der Neuen Zeit haben eine tiefe Verbindung zu diesen Ebenen. Sie finden sehr oft eine bedeutungsvolle Bereicherung ihres Daseins, wenn sie sich mit der Energie der Delfine, die ihrer eigenen so sehr gleicht, bewusst verbinden.

Eine kleine Anleitung, wie du eine Gruppe gestalten kannst, findest du hier in diesem Buch. Tue dieses jedoch bitte erst dann, wenn du selbst eingeweiht bist, denn mit jedem Tag, an dem du anderen Menschen die Einweihungen vorliest, wirst du tiefer an die Kraft in dir selbst herangeführt.

Wenn du Kindern diesen Weg weisen möchtest, ist es sehr wichtig, dass du das Alter der Kinder berücksichtigst. Unter zehn Jahren sollten vielleicht nur der erste und zweite Teil mit den Kindern erarbeitet werden. Schaue dir die Kinder genau an. Fühle oder frage die Walwesen, ob die Kinder schon bereit sind, weiterzugehen. Wenn du ein klares Ja vernimmst, gehe weiter mit ihnen und erfahre, welch großartige Wesen in den kleinen Körpern leben. Vertraue deiner Intuition und deiner Verbindung mit den Walwesenheiten und Feen der Meere, denn der Reifegrad eines Kindes hat heute nichts mehr zu tun mit dem Lebensalter in diesem Leben.

Lerne wieder, das Leben spielerisch zu leben, so, wie Delfine und Wale uns dieses immer wieder zeigen und vorleben. Lerne wie sie, urteilsfrei und voller Freude am Sein durch dein Leben zu gehen und dieses zu genießen. Ihr Anliegen ist es, dass du lachst, dich freust am Dasein und an der Schöpfung. Sie möchten, dass die Menschheit endlich wieder die Schönheit der Natur, des Lebens, erkennt und annimmt. Gehe du den ersten Schritt zur vollkommenen Freude, Leichtigkeit, Lebendigkeit und gelebten Liebe.

Liebe das Leben als Ganzes, als göttliches Geschenk der Quelle, das du selbst dir geschenkt hast. Liebe die Göttin und den bedingungslos liebenden Gott in allem, in jedem Menschen, in jedem Tier, in jeder Pflanze und in jedem Stein. Dann werden beide auch in dir zum Leben erwachen.

Das ist die Botschaft der Engel der Meere. Sie lieben dich bedingungslos. Freue dich, dass du so geliebt wirst.

Botschaft der Wale und Delfine:
Wir sind hier, bevor ihr wart

© Markus Gössing - Fotolia.com

Einst, vor ewig langen Erdenzeiten, lebten wir, und auch ihr, in einem Universum jenseits des Universums, das ihr heute als das eure bezeichnet. Es war und ist dies ein herrlicher Ort, in dem wir uns, genau wie ihr es tatet, aus der Quelle in das individuelle Leben liebten. In anderen Büchern habt ihr bereits über den Fall, über die Zerstörung dieses wunderbaren Ortes, den so viele von euch in euren Träumen erinnern, gelesen. Mit der Zerstörung unserer ersten Lebensgemeinschaften und Schöpfungen entstand die Trennung von der Quelle allen Seins, die bis heute andauert. So scheint es zumindest für viele zu sein.

In diesen Ur-Universen erschufen wir uns unsere Formen so, wie wir zu ihr in Resonanz standen. Unsere Formen, die ihr uns heute als Delfine oder Wale erkennt, waren von zarter, traumhafter Schönheit. Diese Formen, Gestalten, ätherische Körper, die wir uns schufen, glichen einem Silberpfeil mit zarten Flügeln. Mit diesen Flügeln und unserer aerodynamischen Gestalt konnten wir die Winde des Universums schneller und eleganter durchqueren als viele unserer Brüder und Schwestern in anderen Formen und Gestalten, so, wie wir es heute in den Ozeanen auf Erden tun.

Wir liebten das Spiel der Formen. So gibt es unterschiedliche Formen unseres individuellen Ausdrucks, die ihr heute Familien nennt. Unsere Familien kennt ihr heute als Wale, Delfine und Robben. Ja, auch die Robben, Seehunde usw. gehören im weitesten Sinn zu unserer Familie.

Die alles zerstörende Explosion all dessen, was wir in freudiger Einheit, in freudigem Miteinander, erschaffen hatten, erschütterte das Universum, spaltete es in viele Teiluniversen und katapultierte uns und euch hinaus. Die Trennung von der Quellebene war auf eine äußerst gewaltsame und erschreckende Weise vollzogen durch das Tun der „anderen".

In einem dieser neu entstandenen Universen leben ihr und wir bis heute. Es ist dies das Licht-und-Dunkel-Universum. Das war es nicht von Anbeginn an, nein. Wir waren zwar verwirrt ob des Dimensionswechsels, den viele von euch und auch von uns als sehr schmerzvoll erfuhren, doch wussten wir immer noch, dass wir Teil der Quelle sind.

Wir alle wussten: Wir wollen und müssen uns neu einrichten, neu orientieren, neu unsere Gemeinschaften begründen, wenn wir zurückkehren wollen in das Universum, in dem die Quelle selbst verankert ist. So erschufen wir neue Planeten und bemerkten nicht, dass die „anderen", die unsere Ursprungsdimension zerstört hatten, unser neues Universum erreichten. Die ersten Gefechte entstanden zwischen ihnen und uns. Gut und Böse waren geboren. So schienen die „anderen" die Bösen zu sein, wie sie es bis heute scheinen, und wir schienen und scheinen die Guten zu sein. Doch dieses trifft in dieser Dimension nur zu, weil ihr gewohnt seid, zu werten.

Die weiblichen Energien unserer Gemeinschaft, die wir die Großen Göttinnen nennen, suchten nach einem neuen Ort des Friedens, weit weg von den „anderen", wie wir ihn alle tief und schmerzvoll als Timarilamaa in uns erinnerten. So planten die Göttinnen, einen neuen Planeten zu gebären, der all das beinhalten sollte, was wir an Freude, Liebe, Schönheit und Lebensfreude von zu Hause in uns bewahrt hatten. So gebaren sie die Erde, und Gaia beseelt sie bis heute.

Als die Göttinnen die Erde erschufen und die Erde Anker, Hüter und Wächter der universellen Energien brauchte, erklärten wir, die Walwesen, uns voller Freude bereit, uns auf die Erde zu begeben und Gaia zu begleiten. Die „anderen" versuchten, das Werk der Göttinnen und Gaia zu verhindern und die neue Erde zu verdunkeln. So entstand der Wunsch nach Schutz für dieses zarte Wesen, das weit in das Universum strahlte.

Das System des Sirius wurde erneut auserwählt, weil es zu jenen Zeiten das lichtvollste im neuen Universum war. Durch die Anwesenheit der hohen Wesenheiten, die trotz des Herausgeschleudert-Werdens aus unserer Quelldimension die Lichtkräfte wieder halten und bündeln konnten, und durch unseren Kristall der Lichtquelle, der von einem wundervollen Wesen beseelt ist, wurde den dunklen Kräften Einhalt geboten. Dieses gelang jedoch nur in diesem Teil des Universums.

Hier entstand das erste Gremium, das den Schutz der jungen Erde und der Seele, die Gaias ist, übernahm und dieses bis heute tut. Ihr nennt sie den hohen, universellen Rat der Hüter und Hüterinnen des universellen Gesetzes der allumfassenden Liebe.

Unsere Rasse der Walwesen war eine der wenigen, die sich trotz des großen Unheils, das die „anderen" über uns alle gebracht hatten, ihre Freude am Sein in der Leichtigkeit der Quelle bewahrt hatten, denn wir waren voll tiefer Gewissheit, dass nichts uns wirklich von der Quelle entfernen kann. Waren so viele der anderen Familien voller Trauer, Verzweiflung und Ohnmacht, so hatten wir uns die Fähigkeiten bewahrt, alle diese vollkommenen Gefühle auch hier in dem neuen Universum zu verkörpern und unsere Schwestern und Brüder damit zu berühren. So taten wir alles, um diese göttlichen Gefühle auch in unseren Schwestern und Brüdern wieder zu stimulieren und diese erkennen zu lassen, dass auch dieses neue Leben eine wunderbare Erfahrung sein kann und ist.

Wir wollten weder glauben noch anerkennen, dass wir durch das Hinauskatapultiert-Werden aus unserer Heimatdimension im Glanz der Quelle keinen Zugang mehr zur Quelle hatten.

Viele unserer Schwestern und Brüder, die nicht zu den Familien der Walwesenheiten gehörten, litten unter diesem Glaubenssatz, der von den „anderen", die voller Angst und Ohnmacht waren, weil sie fühlten, dass sie versagt hatten, in den Universen verbreitet wurde. Dieser erfahrene und propagierte Glaubenssatz ließ mehr und mehr die Enge, die Angst und die Unliebe in unsere Reiche einkehren.

So machten einige von uns Walwesen sich auf die Suche nach einem Weg zurück in die Heimat. Wir waren sicher, es musste einen Übergang geben. So durchschnellten wir mit unseren silberpfeilähnlichen Gestalten die Universen und entdeckten nach einiger Zeit, was wir so sehnlichst suchten.

Unweit des Sirius-Systems entdeckten wir einen winzigen Übergang in unser aller Ur-Universum. Eine leichte Membran wollte uns hindern, doch wir sandten all unsere Liebe in diese Membran, und sie wurde durchlässiger, bis sie sich uns öffnete. Wir bewegten uns hindurch, voller Freude und Erleichterung, und waren wieder in der wundervollen Energie ganz nahe bei der Quelle. Wir tankten neue, altbekannte Energie, badeten in der Quelle und kehrten freudig zurück zu unseren Schwestern und Brüdern, um ihnen die frohe Botschaft zu überbringen, dass wir heimkehren und Timarilamaa neu besiedeln konnten.

Viele machten sich mit uns auf den Weg, voller Freude und Sehnsucht nach der erinnerten Heimat. Nur, der Zugang war den meisten unter ihnen verwehrt. Es war ihnen nicht möglich, die Membran aufzulösen und den schmalen Durchgang zu passieren. Zu tief hatte sich der Schmerz über den Verrat der „anderen", die Schuldzuweisung, der Schmerz über den Verlust der Heimat, in die Herzen gegraben. Zu sehr waren viele von ihnen bereits verstrickt in das Sein von Dunkel und Licht, zu sehr verdichtet war ihre Energie. So konnten sie nicht in das Universum, in der die Quelle verankert ist, zurückkehren.

Tiefes Mitgefühl erfüllte uns, als wir erkennen mussten, dass eine Rückkehr in die lichtvollsten Ebenen nur möglich ist, wenn das Herz voller Freude und Hoffnung, die Seele urteilsfrei, die Energie absolut lichtvoll und klar ist. Ein gewaltsames Eindringen würde bedeuten, dass

44

die Seelen verbrennen. Daher hat die Quelle selbst diesen Schutzschild erschaffen, der eine vorzeitige Rückkehr unmöglich macht.

Nachdem wir zum Sirus-System zurückgegehrt waren, entwickelten wir Meditationstechniken und gründeten die ersten Schulen, um diese Techniken weiterzugeben. Mit diesen Vertiefungen konnten unsere lichtvollen Freunde und Freundinnen, die sich befreien wollten, die Energien der Quelle neu erfahren. Sie konnten die Energien der Quelle, die wir durch den kleinen Spalt auf den Sirius leiteten, bündeln und im großen Kristall, der das Zentrum unserer neuen Heimat bildete, fest verankern.

So waren wir nach kurzer Zeit wieder im Glanz unseres Ursprungs, wenn auch in einer anderen Dimension. Der Riesenkristall, der Timarilamaa, unser erstes Planetensystem im Ur-Universum, mit allem versorgte, war unversehrt geblieben. Wir verankerten ihn neu in der Quelle und verbanden ihn mit dem Kristall auf dem Sirius. Ein ununterbrochener Strom aus der Quelle erhellte nun endlich diesen Teil des Universums. So sind bis heute viele von uns in den Dimensionen unterwegs, um den Lichtstrom aufrechtzuerhalten.

Diesen teilten wir gerne mit unseren Schwestern und Brüdern, und viele Planetensysteme wurden endlich wieder lichtvoller. In dieser Zeit wurde die junge Erde geboren, aus dem Licht und der Kraft der Göttinnen unter uns.

Die Erde sollte an den Kristall in Timarilamaa angebunden werden und zu einem neuen Eden in diesem Universum werden, bis beide Universen sich wieder vereinigen.

Die weiblichen Kräfte unter uns waren die einzigen, die die Rückbindung an die Quelle niemals verloren hatten, denn sie trugen die Schöpferkraft der Quelle dauerhaft für alle Zeiten in sich. Sie nutzten unsere Meditationen, um das Licht der Quelle neu zu bündeln. Aus diesem gebündelten Licht ließen sie diese wundervolle Erde entstehen, indem sie es verdichteten. Als das Werk erschaffen war, beseelte Gaia die junge Erde und hat seither ihren festen Platz im Universum.

So war die Erde der strahlendste Planet im Sternenmeer dieser Galaxis. Sie erstrahlte im Licht der Quelle, und alle Schönheiten von Timarilamaa fanden hier ihren neuen Platz. Zauberhafte Wesen, ätherisch, voller Liebe, freudigem Sein und Leichtigkeit waren die Ersten, die die Erde besiedelten. Auch dieses wurde euch bereits in dem Buch Lady Rowena beschrieben.

Der Wunsch nahm zu, diesen herrlichen Planeten zu besiedeln. Die Göttinnen beschlossen daher, dass nur auserwählte Schwestern und Brüder den ätherischen Boden von Gaia betreten durften. Diese Auswahl fand durch den „Hohen Rat der Verbundenen" statt, auf dem Planeten, den ihr heute Sirius B nennt.

Die Kristalle, die ihr in eurer Erde findet, stammen in direkter Linie von dem Kristall auf Timarilamaa. Ganz besonders die klaren, reinen haben ihre Energie über die Jahrtausende hinweg in sich gebündelt und bewahrt. Wir holten immer, und tun dieses bis heute, Kristalle und viele andere edlen Steinwesen auf die Erde, die auf Timarilamaa geboren werden. Kristalle, Zitrine, Larimare, Amethysten, Lemuriakristalle und andere sind gebündeltes, verdichtetes Licht der Quelle, die sich auf Timarilamaa inkarnieren. Sie kommen freiwillig zur Erde, um euch Heilung und Licht zu schenken.

Wir, als die Hüter des Übergangs in die Dimensionen der Quelle, holen die Kristalle, die den Wunsch haben, die Wunden der Erde zu heilen und diesen herrlichen Planeten zu schützen, ab und transportieren sie direkt hierher auf diese wundervolle Erde.

So haben die Göttinnen dem ersten großen Kristall der Lichtquelle in Lemuria einen wundervollen Tempel erbaut. Diese Kristalltochter bezieht bis heute ihre Kraft über die Timarilamaa-Kristallin auf Sirus B, die wiederum direkt aus Timarilamaa ihre Kraft bezieht. Dieser Kristall ist heute noch tief verborgen im Inneren der Erde. Kristalle sind immer weiblich, auch wenn wir sie Kristall nennen. Dieses Wesen ist verdichtete Energie der Quelle, auf Timarilamaa geboren, beseelt aus der Quelle und freiwillig auf die Erde gekommen, um hier das Licht zu bündeln, zu halten und zu verstärken.

Diese heilige Energie zu hüten sind viele von uns zur Erde gekommen, und wir sind hier bis heute.

An den ersten Kristall der Quelle der Kraft ist die Erde angebunden. Diese Frequenzen werden durch uns Delfine und Wale gehütet.

Als wir die Schönheit der Erde sahen, die unendlichen Meere, erwachte in uns der Wunsch, ein Teil dieser wundervollen Schöpfung zu sein und darüber zu wachen, dass diese Erde in ein neues Timarilamaa hineinwachsen kann. Wir wollten durch die Ozeane fliegen, wie wir es in unserem Universum für uns erwählten, und die Kristalle hüten, wie wir es immer taten.

So trugen wir unseren Wunsch dem „Hohen Rat vor", und unsere Bitte fand großes Wohlgefallen. Wir sind seit Anbeginn bei, mit und für euch, damit wir gemeinsam erfahren, wie ihr und die Erde neu zum Licht erwacht. Wir sind hier, um mitzuerleben, wie die Dunkelheit, die die „anderen" um sie legten, sich auflöst und der strahlende Juwel im Universum in neuem Glanz aufersteht.

Wir verankerten riesige Kristalle auf dem Grund der Ozeane und in den unendlichen Höhlensystemen der Erde. Gaia war ein wundervoller, ätherischer Ort der Kraft und des Lichts. Diese Kristalle hüten wir bis heute. Sie lenken die Frequenzen auf der Erde. Wir, die Hüter der Kristalle der Meere, verbinden das Licht des Kristalls auf

Sirius immer wieder mit den Kristallen auf dem Meeres-
grund, damit das Licht hier auf Erden nie versiegt. Diese
Kristalle nähren die Chakren der Erde und halten ihre E-
nergie im Licht.

Wundervoll war sie, die Zeit, als Lemuria die Kraft der
Quelle hielt und mit Mu in ständigem Austausch stand. Bis
die Dunkelheit sich über sie senkte. Ein Aufschrei ging
durch die Erde. Die Ozeane hallten die Echos wider, als
die „anderen" erstmals die Erde überfielen.

Es kam die Zeit, Mu und Lemuria waren in eine andere
Dimension gehoben, da waren wir Walwesen die Einzi-
gen, die die wenigen, winzigen Tore passieren konnten,
die die „anderen" im dunklen Schutzschild, den sie um die
Erde gelegt hatten, geöffnet halten mussten, um jederzeit
kommen und gehen zu können, wie es ihnen bis heute
beliebt.

So konnten wir in all den Jahrtausenden immer wieder
die Erde mit dem Kristallwesen auf Sirius verbinden, das
mit dem Mutterkristall auf Timarilamaa vereint und verbun-
den ist. So konnte es geschehen, dass sich im Laufe der
Jahrtausende immer mehr Tore im dunklen Schutzschild
öffneten. Heute sind viele Tore wieder weit geöffnet, und
das Licht der Quelle kann durch die Arbeit der Kristallwe-
sen und einiger lichtbringender Menschen wieder ungehin-
dert die Erde erreichen. Es ist in kleinen Teilen vollbracht.

Wir sind mit und bei euch, damit ihr gemeinsam mit Gaia den Quantensprung vollziehen und das Werk vollenden könnt, das mit der Geburt Gaias begann.

Die „anderen" wollen unsere Familien vernichten. Sie wissen um den schmalen Übergang, den wir hüten. Sie glauben, dass, wenn sie uns vernichten, sie ungehinderten Zugang erhalten zu den kraftvollsten Schöpfungsebenen. Sie wollen nicht wissen, dass ihnen der Zugang versperrt bleibt, bis sie das Licht in sich selbst neu integriert haben. So ist ihr einziges Ziel, die Hüter der Meere auszulöschen und zu vernichten.

Walfang, Robbenjagd, Delfinfang - all dieses dient der Auslöschung unserer Familien, damit die „Anderen" die Erde wieder in die Dunkelheit treiben können, die ihr und wir ihr entzogen haben. Der Schmerz unserer Familienangehörigen, wenn sie einer Jagd zum Opfer fallen, trifft uns tief, denn wir hören den Todesschrei eines jeden Einzelnen, egal, an welchem Ort des Ozeans es geschieht.

Wir treten heute näher und dichter zu euch in Kontakt, um euch bewusst zu machen, dass es einen Weg gibt, der aus der Dunkelheit herausführt. Es gibt den Weg der Freude, den Weg der Leichtigkeit, den Weg des Mitgefühls mit Allem-was-ist. Unser Mitgefühl für euch ist grenzenlos. Euch diese göttlichen Qualitäten vorzuleben, euch zu zeigen, dass wir für euch hier und mit euch sind, ist die vorrangigste Aufgabe, die wir in der jetzigen Zeit der Wende leben.

Es ist unser tiefstes Anliegen, euch allen Heilung zu schenken, auf allen Ebenen eures Seins.

Darum eilen wir den Menschen zu Hilfe, die Hilfe benötigen. Daher lassen wir uns einsperren, damit Menschen mit uns schwimmen können, um Heilung zu erfahren. Auch wenn unsere eingesperrten Brüder und Schwestern leiden, tun sie dieses immer noch freudig in dem Wissen, dass sie den Menschen eine Hilfe und die Träger der Kristallenergie der Quelle sind.

Und doch könnt ihr das Leid unserer Schwestern und Brüder lindern, indem ihr es vermeidet, solche Delfin- und Walgefängnisse zu besuchen. Wenn die Nachfrage schwindet, schwindet auch die Notwendigkeit, unsere Brüder und Schwestern einzusperren und gefangen zu halten.

Wenn die Nachfrage nach Billig-Thunfisch schwindet, schwindet auch die Notwendigkeit, Delfine in Massen in diese Dosen zu verpacken. Kein Delfin, kein kleiner Wal in der Nähe eines Thunfischschwarms entkommt den Schleppnetzen, wenn die Jagd auf den Thunfisch stattfindet. Wenn ihr nur erahnen könntet, welche grausamen Qualen nicht nur wir, sondern auch der einzelne Thunfisch erfährt, ihr würdet eure Einkaufsgewohnheiten vielleicht ein wenig verändern. Doch sei dieses hier nur am Rande erwähnt.

Euer Wunsch, einen Delfin oder einen Orca zu berühren, ermöglicht den Geschäftemachern hier auf diesem Planeten, Mitglieder unserer Familien gefangen zu nehmen. Großes Leid entsteht, wenn eines unserer Babys gefangen genommen wird, oder wenn Mutter oder Vater entführt werden. Es ist nicht notwendig, uns in solchen Anstalten zu besuchen, um unsere Energie zu erfahren. Fahrt hinaus aufs offene Meer, ruft uns, und wir werden uns euch zeigen. Freiwillig!

Wir schenken euch die Kristallpalast-Ermächtigung, damit ihr immer zu uns in Kontakt treten könnt. Ihr braucht dazu nicht einmal eure Häuser und Wohnungen zu verlassen. Wir senden jedem Menschen, Wesen und Mineral die Energie der Quelle, die tiefe Heilung bringen kann, wenn er/es bereit ist, diese anzunehmen.

Indem du dich in die Kristallpalast-Ermächtigung erhebst, bist du fest eingebunden in diese Energien, die direkt aus der Quelle über Timarilamaa auf die Erde herabkommen.

Wir sind die Hüter und Lenker der Energien des Lichts. Wir schenken dir Heilung, Mitgefühl, tiefen Frieden und erheben dich in die Leichtigkeit der Freude an der Schöpfung und des Lebens. Wir begleiten dich durch deine Einweihungen und freuen uns an deiner Selbstermächtigung.

Wir ehren dich für deine Beteiligung am Quantensprung deiner Selbst und für deinen Beitrag am Quantensprung der Erde, damit aus dieser Erde der Ort werden kann, an dem das Licht wieder ganz zu Hause ist.

Die Delfinenergie erfahren – Einweihungsvorbereitung

© Markus Gössing - Fotolia.com

Diese Vorbereitung wird vor jeder Einweihungs-Meditation durchgeführt.

Dieses ist eine wunderschöne und entspannende Meditation. Sie kann dich tief mit den Delfinen verbinden. Bitte führe sie auf jeden Fall durch oder lass sie dir von einem lieben Menschen vorlesen, <u>bevor</u> du in deine Einweihung gehst.

Meine Empfehlung: Lege dir eine CD ein, auf der Wal- oder Delfingesänge enthalten sind, die dir gut gefällt.

Begib dich an einen ruhigen Ort, frei von Störungen. Wenn du zu Hause bist, kann auch deine Badewanne ein wundervoller Ort für diese Meditation und deine Einweihung sein. Du kannst den Raum erhellen mit unserem Kristallpalast-Energie-Spray. Lass dir dazu ein warmes Bad ein. Wenn du magst, dann nutze die Kristallpalast-Badeessenz. Umgib dich mit allem, was dir Freude macht und dich einstimmt. Das können blaue Kerzen, seegrüne Steine, Muscheln oder etwas anderes sein, was dein Herz erfreut. Adressen für das Zubehör findest du im Anhang.

Schalte das Telefon und die Haustürklingel ab und sorge dafür, dass nichts und niemand dich stört.

Du kannst auch einen Zimmerbrunnen mit fließendem Wasser an deinen Platz stellen. Oder umgib dich, in welcher Form auch immer, mit fließendem Wasser, wenn du magst und es dir möglich ist. Wenn du im Freien meditierst, dann ist es schön, wenn ein Teich, ein Fluss, ein Bach oder gar ein Wasserfall in der Nähe ist. Die Anwesenheit des Wassers unterstützt deine Meditation sehr.

Achte auf locker sitzende Kleidung. Finde eine Position, die für dich nicht nur bequem, sondern angenehm, warm und erhebend ist. Es ist wichtig, dass du dich, ohne einzuschlafen tief entspannen kannst, und dann beginne mit dem goldenen Wellenatem.

Beruhige deine Gedanken und werde ganz still in deinem Geist. Entspanne deinen ganzen Körper.

Stell dir dabei vor, dass winzig kleine Wellen von goldenem Sonnenlicht, goldener Energie, in deine Fußzehen eintreten. Lass diese Sonnenstrahlen wie kleine, goldene Wellen durch deinen ganzen Körper sanft und warm nach oben steigen, bis du völlig entspannt bist.

Halte die Augen geschlossen und konzentriere dich ganz auf deinen Atem. Atme langsam und tief durch die Nase ein, während du bis sieben zählst.
Behalte den Atem so lange in dir, bis du noch einmal bis sieben gezählt hast.

Dann entlasse deinen Atem durch deine leicht geöffneten Lippen, wiederum bis sieben zählend.

Wiederhole diese Atmung noch sechs weitere Male.

Du bist jetzt ganz entspannt, ganz still in dir

Atme mit jedem Atemzug deine Vorfreude auf die Begegnung mit dem Spirit der Engel der Meere und, in deiner ersten Einweihung, ganz besonders dem Spirit der Delfine tief in dich ein. Denke Freude, Leichtigkeit und Frieden, so lange, bis du es in dir selbst fühlst.

Trinke nach deinen Einweihungen viel frisches Wasser um den Integrationsprozess zu unterstützen. Wenn du in dieser ersten Zeit müde wirst, dann lege dich, wenn möglich, hin und ruhe dich aus. Es können sich auch aufgestaute oder verdrängte Gefühle an die Oberfläche bewegen. Wenn du dich „anders" oder „leicht depressiv" fühlst, dann trinke frisches, klares Wasser, am besten levitiertes Wasser, und gönne dir Ruhe.

Je mehr du auf deine Seele hörst, desto schneller werden die Ausrichtung und Integration deiner höheren Energiekörper erfolgt sein.

Bedenke immer, dass jeder Mensch alles auf seine ganz eigene, individuelle Weise erfährt. Wenn du keine Delfine siehst oder die Delfin-Einweihung vermeintlich nicht wirkt, glaube es: Sie wirkt. Jede Ungeduld ist eher hinderlich. Also lass es einfach geschehen.

Vielleicht schreibst du dir deine Erfahrungen und Erlebnisse in ein Tagebuch. Dieses kann eine wundervolle Erfahrung für dein spirituelles Wachstum und dein weiteres Erwachen sein.

Es ist zwar für die Einweihung nicht notwendig, doch kann es eine wunderbare und aufschlussreiche Erfahrung sein, wenn du immer wieder hineinschreibst und dann nach einiger Zeit dein Wachstum erkennst.

Du kannst Delfinklänge im Hintergrund abspielen. Das wird dir helfen, die liebevolle Kraft der Delfine mehr und mehr zu akzeptieren, zu integrieren und auch die Delfinenergie immer mehr anzunehmen.

Teil 2

Delfin Kristallpalast
Engel der Meere
Einweihung

Eva-Maria Ammon und Shareiam

Spirit of the dolphins

© Stefan Richter - Fotolia.com

Einstimmung in die Delfinenergie

Du stehst vor einer großen, orangefarbenen Wolke. Betrachte diese schimmernde Wolke, die sich direkt vor dir leise, harmonisch summend ausbreitet. Nimm wahr, wie orangefarbene Lichtstrahlen in alle Richtungen ausstrahlen, wie sie dich umschmeicheln und sanft einhüllen. Lausche, wie diese Strahlen dich leise rufen, in die Wolke einzutauchen.

Du gehst jetzt in diese watteweiche Wolke hinein, bleibst einen Augenblick in diesen strahlend schönen Lichtstrahlen stehen und atmest die Kraft des orangefarbenen Lichts tief in dich ein.

Atme ganz langsam und tief bis in dein Sakralchakra hinein, und fühle dich jetzt in diesem warmen, wundervollen Licht für die folgende Begegnung vollkommen und heil werden.

Nun tritt einen Schritt nach vorne. Bewege dich durch die leichte, warme Feuchtigkeit hindurch und tritt auf der anderen Seite aus der Wolke heraus.

Und während du aus der Wolke heraustrittst, bemerkst du, dass du an einem wunderschönen Sandstrand stehst, der ganz in goldenes Licht getaucht ist. Schaue dich um. Du stehst an einem Strand. Es ist der herrlichste Strand, den du je gesehen, gefühlt und wahrgenommen hast.

Schaue dir alles genau an und genieße diese traumhaft schöne Schöpfung.

Jetzt ziehe in deiner Vorstellung deine Schuhe aus. Laufe auf den einladenden Strand zu. Schaue auf das Meer und genieße den warmen Sand unter deinen nackten Füßen.

Alles ist voller Ruhe und absolutem Frieden. Nur das leichte Plätschern der feinen Wellen, die sanft über den Sand rollen, ist hörbar. In der Ferne hörst du den wundervollen Gesang himmlischer Vögel, und der Wind spielt sanft in deinen Haaren.

Du gehst nun langsam am Rande des Ozeans den Strand entlang. Während immer wieder leise plätschernde Wellen deine Füße berühren, betrachtest du dir den weißgoldenen Sand.

Muscheln in wunderschönen Farben liegen verträumt im weichen Sand. Sie warten auf die nächste Welle, die sie wieder zurück in das türkisfarbene Meer trägt, in ihr wahres Zuhause. Betrachte dir den goldschimmernden Sand unter deinen Füßen und lass dich vom Rollen der kleinen Wellen, die im Sonnenlicht golden schimmern, in einen wundervollen Zustand der inneren Harmonie versetzen.

Siehe die Harmonie der Farben. Gold schimmernder Sand, berührt von türkisfarbenen Wellen mit silberweißen

Schaumrändern, bunte Muscheln und Schnecken in dieser Farbenpracht, all das liegt vor dir, ist deine ganz eigene Welt. Nimm diese Harmonie der Farbenpracht tief in dich auf. Werde selbst zu dieser Harmonie.

Erinnere dich hier und jetzt an alles, was du dir Schönes und Positives für dich und dein Leben wünschst. Dann singe deinen Wunsch in die Sonne. Singe deinen Wunsch in die Wellen und sei dir, tief in dir, ganz sicher, dass dein Wunsch gehört wird.

Erinnere dich an alles, wovon du frei sein möchtest. Stelle dich mit deinen Füßen in die kleinen Wellen am Strand. Schaue weit in die Ferne auf das Meer, auf den Punkt, an dem Meer und Himmel sich zu berühren scheinen.

Fühle in dein Herz hinein. Fühle, ob irgendwo ein alter Schmerz ist, ob irgendwo in dir eine Belastung ist, ob irgendwo in deinem Körper sich ein Symptom manifestieren will oder bereits manifestiert hat.

Sammele alles in deinem Herzzentrum, was in dir ist und deinen spirituellen Weg behindert. Atme dabei ganz sanft.

Und nun lass all deine Belastungen von deinem Herzen hinabsinken, bis in deine Füße hinein. Fühle, wie dein Herz warm, weit und frei wird, während alle deine Belastungen in deine Füße wandern.

Stehe fest auf deinen Füßen, dein Gesicht dem Meer zugewandt, in den Wellen, die kommen und gehen. Spüre, wie die Wellen sanft über deine Füße rollen.

Und während du dieses fühlst, atme tief ein. Lass deine Atemluft nach unten sinken, bis in deine Füße hinein. Atme jetzt durch deine Fußzehen alle deine Belastungen aus. Übergib all deine Belastungen über deine Füße, durch deine Zehen den sanften Wellen des Meeres.

Spüre, wie die sanften Wellen mit jedem Ausatmen alles, was deinen spirituellen Weg behindert, aus deinen Füßen lösen und mit sich forttragen.

Spüre und siehe dabei zu, wie mit jeder kleinen Welle, die sich zurückzieht, nun auch deine Belastungen von dir gehen. Die Wellen nehmen alles mit sich fort, und du bist frei davon. Wirf ein tiefes Ausatmen hinterher, um dich innerlich vollkommen frei zu fühlen.

Lass jetzt alles los, was nicht zu der Göttin, dem Gott, gehört, die oder der du in Wahrheit bist. Lass vor allem auch das Gefühl los, es nicht wert zu sein. Übergib dieses Gefühl, wenn es irgendwo in dir verborgen ist, jetzt durch deine Zehen den sanften, reinigenden Wellen des Ozeans.

Schaue noch einmal zurück. Bewege deinen Kopf zurück und betrachte dir deine Spuren im Sand. Und schau: Die Wellen rollen darüber hinweg und nehmen sie mit sich fort. Der Strand ist so glatt wie vor deinem Hiersein, und du weißt: So, wie das Meer deine Fußspuren mit sich fortträgt, trägt es jetzt auch alle deine Ängste, deine Sorgen, deine unliebsamen Begebenheiten mit sich fort, in eine Ebene der absoluten Reinigung und Freiheit.

Und mit jedem neuen Atemzug in der reinen Luft des Meeres fühlst du dich freier – frei von allen inneren Begrenzungen.

Schaue jetzt über die glatte, golden glitzernde Oberfläche des Wassers. Du erkennst in der Ferne einen großen Schwarm Delfine, die dort fröhlich in der Sonne spielen. Sie springen voller Lebenslust aus dem Wasser, tauchen wieder ein, nur um an anderer Stelle voller Freude wieder aufzutauchen. Und du glaubst, sie lachen zu hören.

Du fühlst in dir deine tiefe Sehnsucht, diese völlige Unbeschwertheit und Freiheit, ebenfalls zu leben, in jeder Sekunde deines Daseins auf Erden.

Du fühlst in dir, dass du ihnen einen Besuch abstatten möchtest. Ein tiefes Sehnen durchzieht dein Herz, ebenso voller Leichtigkeit, frei und fröhlich durch dein Leben zu schwimmen, wie diese wunderbaren Geschöpfe in der Ferne es tun.

Jetzt lege deine Kleider ab und gehe ein Stück hinein ins Wasser. Das milde, warme Wasser steigt höher an deinen Beinen hinauf. Du fühlst, dass es jetzt deine Knie umspült. Hefte deinen Blick auf die Gruppe der Delfine. Du erkennst spontan, warum wir sie die „Engel der Meere" nennen.

Diese Grazie, diese Würde, diese Fröhlichkeit. Ihr Lachen erschallt in der Stille. Du spürst, wie leichte Tränen deine Wangen benetzen, weil du erkennst, wie lange du dich nach dieser inneren Freiheit und Fröhlichkeit gesehnt hast.

Du spürst, dass du den Boden unter den Füßen verlierst. Das Meer fängt dich sanft auf, die Brandung trägt dich ein Stück den Delfinen entgegen.

Mit langen, ruhigen Zügen schwimmst du auf die Delfine zu. Du wunderst dich, dass du so angstfrei bist, doch du hörst den Ruf der Delfine in dir: „Komm zu uns! Komm, lache, freue dich, tanze, singe und spiele mit uns!" So schwimmst du immer näher an die Gruppe heran.

Ein Delfin löst sich aus der Gruppe und schwimmt dir entgegen. Er kommt immer näher auf dich zugeschwommen.

Und nun bist du ihm Nasenspitze an Nasenspitze gegenüber. Du fühlst die glatte Nase des Delfins in deinem Gesicht, du riechst seinen Duft und gibst deinem Drang, ihn zu umarmen, nach. Ja, tue es, wenn das jetzt dein Bedürfnis ist. Lege deine Arme um den Delfin, der dich hier in seiner Welt willkommen heißt. Schmiege dich an die kühle Haut und schaue ihm in die lachenden Augen.

Halte dich an seinem Hals fest und fühle seine Energie tief in dir. Der Delfin wirbelt mit dir durch das Wasser. Du hältst dich an ihm fest, und du fühlst dich so frei wie nie zuvor in deinem Leben. Auf und ab geht es in den Wellen, mal über, mal unter Wasser.

Fröhlich und beschwingt lachst du mit deinem Delfin, während ihr ab- und auftaucht und fröhlich durch das Wasser schnellt. Du fühlst dich hier, in der unendlichen Weite des Ozeans, von allen Lasten befreit.

Genieße deine Reise durch die Wellen. Lass dich mit hinunternehmen, so lange dein Atem reicht. Betrachte dir die bunte Unterwasserwelt des Ozeans.

Du bist jetzt weit draußen auf dem Meer und spürst, wie das Wasser alle Poren deines Seins durchdringt, wie es dich innerlich und äußerlich reinigt. Diese Reinheit, die dich jetzt durchflutet, lässt die Zellen in dir wieder lebendig und lichtvoll werden.

Deine Zellen erfüllen sich ganz und gar mit dieser heilenden Kraft des Wassers. Sie finden zu ihrem ursprünglichen Zustand der gefüllten Prallheit von universellem Wissen zurück.

Du spürst, dass eine angenehme Müdigkeit dich erreicht. Darum lege dich sanft auf den Rücken des Delfins. Halte dich an seiner Rückenflosse fest. Lass dich ganz mit ihm verschmelzen, indem du deinen Körper seiner Körperform anpasst.

Er erzählt dir jetzt wundersame Geschichten von fernen Reichen, von tiefen Ozeanen und von seiner Familie. Es erstaunt dich ein wenig, dass es dich überhaupt nicht wundert, wie gut du ihn verstehst. Jetzt lausche ihm für einige Minuten, während du auf seinem Rücken sanft schaukelnd durch den Ozean getragen wirst.

Und während dein Delfin dich langsam an den Strand zurückträgt, spürst du, wie du mehr und mehr Kraft und Energie bekommst. Mit jeder Welle unter dir wirst du energiegeladener und kraftvoller.

Dein Delfin schwebt kurz vor dem herrlichen Sandstrand im Wasser und teilt dir mit, dass das Wasser nun zu flach ist, um dich weiter zu tragen.

Du weißt, es ist Zeit für heute, Abschied zu nehmen, denn auch dein Delfin möchte zurück zu seinen Lieben. Besiegelt eure neue Freundschaft. Dann lass ihn oder sie wieder zurücktauchen in sein/ihr Reich, während du ihm oder ihr nachwinkst.

Kehre nun langsam wieder zurück zum Strand. Setze

dich in den weichen Sand. Schaue noch einmal auf das goldene Meer, vielleicht winkt dein Delfin dir ja noch einmal zu?

Spüre in dich hinein. Integriere deine Erfahrung von Freiheit, Leichtigkeit und das Schwimmen mit deinem Delfin ganz tief in dir. Diese Leichtigkeit darf dich von nun an begleiten, wenn du es dir erlaubst.

Erhebe dich langsam aus dem weichen Sand und ziehe deine Kleider wieder an.

Erfrischt und voller Freude kommst du jetzt mit deiner Aufmerksamkeit wieder zurück in dein Tagesbewusstsein.

Den innigen Kontakt zu den Delfinen fest in dir integrieren

Bevor du dich in deine Einweihung begibst, jedoch auch, wenn du einen oder mehrere Menschen durch die Einweihung begleitest, ist es wichtig, dass du dich völlig zentrierst und vollkommen entspannst. Das kann auf folgende Arten geschehen.

Mit dem Wellenatem

Dunkle das Licht ab und stelle sicher, dass du während deiner Einweihung weder durch Telefon, Klingel etc. noch durch andere Geräusche gestört werden kannst (Haustiere, Straßenlärm etc.).

Lege dir Delfinmusik auf und nimm eine entspannte Position ein. Wenn du einen anderen Menschen begleitest, dann setze dich aufrecht auf einen Stuhl. Lege dir eine leichte Decke zurecht, wenn dir kühl wird. Beginne mit den sieben tiefen Atemzügen, um dich zu entspannen.

Atme mit deinem Wellenatem die Annahme und das Umarmen der Delfin-Energie in dich hinein. Erinnere dich an deine Delfin-Erfahrung in deiner Vorbereitungsmeditation und begib dich in deinen ganz persönlichen, inneren Raum der Stille und Kraft. Dieser Raum wird später von Shareiam für dich neu erschaffen, energetisiert und versiegelt werden.

Entspanne deinen gesamten Körper. Atme die spirituelle Energie der Delfine ein und aktiviere in dir ein Symbol der bedingungslosen Liebe.

Siehe die wundervollen, graziösen Engel der Meere vor, neben und hinter dir. Nimm die bedingungslose Liebe der Delfine entgegen. Lass alle Gedanken gehen. Es gibt nichts Größeres im Universum als die Liebe. Die Delfine sind hier, um dich immer wieder daran zu erinnern. In Wahrheit bist du Liebe, universelles Licht.

Nimm noch einmal die Erneuerung deiner spirituellen Kraft entgegen, hier in deinem Raum der Freiheit. Erlaube das Fließen der bedingungslosen Delfinliebe in dir. Fühle dich vollkommen frei.

Genieße die wundervollen Einweihungen, die du jetzt erhältst, in die du auch andere Menschen begleiten darfst, wenn es dein Wunsch ist, indem du ihnen die Texte vorliest und dabei selbst immer tiefer in die Energien geführt wirst, für jetzt und für immer.

Einweihung in die spirituelle Kraft der Engel der Meere

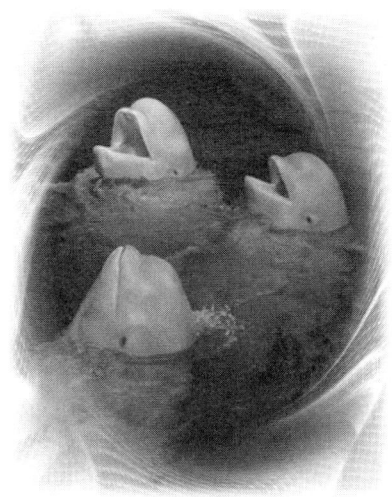

Du stehst an deinem wunderschönen, warmen Strand. Vor dir erstreckt sich der Ozean in unendliche Weiten.

Du schaust auf das Wasser. Das Meer ist vollkommen ruhig. Nur ganz sanfte, leichte Wellen kräuseln die Oberfläche. Sie spiegeln warm und weich den goldenen Schein der untergehenden Sonne.

Alles um dich herum ist in dieses unwirkliche, warme, goldene Licht getaucht.

Während du andachtsvoll über das Wasser blickst, erkennst du weit draußen einen winzig kleinen, glitzernden Punkt, der sich dir scheinbar aus der Sonne nähert.

Gebannt schaust du diesem Punkt entgegen, der immer größer wird, näher und näher kommt. Je näher der eben noch winzige Punkt auf dich zukommt, desto mehr erkennst du, dass es sich um ein silberglänzendes, fliegendes Objekt handelt. Du willst es gar nicht so recht glauben, doch du erkennst: Ein leuchtendes Raumschiff, ein Lichtschiff, schwebt direkt auf dich zu. Ein silbernes, rundes Gefährt erhebt sich aus dem goldenen Schein der untergehenden Sonne. Schaue ganz genau hin.

Es ist jetzt bereits so nahe, dass du Geräusche wahrnimmst. Ein harmonischer, summender Ton hallt in deinen Ohren und in deinem Inneren wider. In deinem Herzen empfindest du diesen Ton wie eine traumhaft schöne Melodie, - eine Melodie, die eine tief vergrabene Erinnerung in dir weckt.

Du erkennst kleine Fenster an dem silbern glänzenden Lichtschiff, während du wie gebannt auf das sich nähernde Objekt schaust.

Atme tief die warme Meeresluft ein. Du bist völlig frei und gelöst in dir. Nur eine leichte Spannung erfüllt dein Herz, in der Erwartung dessen, was hier auf dich zukommt.

Du schaust auf das Meer und erkennst, dass eine große Gruppe Delfine aufgetaucht ist, die ebenso fasziniert wie du das sich nähernde Raumschiff betrachten. Sie wirken so, als würden sie mit dem Spiel der Wellen voller Vorfreude auf und ab schweben, als würden sie lachen und tanzen.

Du trittst einen Schritt zurück, um dir dieses wunderbare Schauspiel als Gesamtbild zu betrachten. Schaue jetzt ganz genau hin.

Die Delfine bilden einen tanzenden Kreis aus glänzenden Delfinkörpern. Nimm es wahr.

Über diesem Kreis aus silbern schimmernden Delfinen schwebt jetzt das silberglänzende Lichtschiff wie schwerelos.

Die Delfine stoßen freudige Begrüßungslaute aus. Sie springen senkrecht aus dem Wasser, die Nase und das lachende Maul dem Lichtschiff zugewandt. Es klingt in deinen Ohren wie tausend kleine Freudenschreie, und du spürst in dir, wie du voller Rührung am Meeresufer stehst und eine tiefe Dankbarkeit dein Herz erfüllt. Du bist tief berührt, dieses miterleben zu dürfen.

Das Lichtschiff steht still über den Delfinen in der lauen Abendluft. Betrachte dir diese Vollkommenheit an Form, Farbe und Harmonie.

Jetzt öffnet sich an der Unterseite des Schiffs eine Tür. Sie schwebt seitwärts in den Boden des Lichtschiffs hinein. Ein breiter Lichtstrahl tritt hervor und hüllt die Delfine auf der Oberfläche des Meeres ein.

Während du fasziniert in das Licht schaust, dich an diesem Bild der silbernen Harmonie erfreust, nimmst du wahr, wie sanft eine Gestalt mit dem Lichtstrahl zu den Delfinen niederschwebt. Es ist ein sehr großes, schlankes, männlich wirkendes Wesen, mit langem, seidigem Blondhaar.

Ein großer, prachtvoller Delfin schwimmt diesem Wesen freudig entgegen. Der Fremde lässt sich auf dem Rücken des Delfins nieder. Er begrüßt jeden Einzelnen mit fremdartigen Worten und freundlichem Berühren der lachenden Delfingesichter. Du erkennst, dass sie einander schon seit langen Zeiten kennen und sich sehr vertraut sind.

Lausche jetzt einen Augenblick dem Gespräch und spüre in dich hinein, ob du die Worte verstehst.

Und während du lauschst, beginne deinen Wellenatem zu atmen. Lass einfach deinen Atem wie kleine Wellen durch deine Zehen in deinen Körper hinein, und über dein Kronenchakra wieder aus deinem Körper herausströmen.

Die Unterhaltung ist beendet, und du erkennst, dass der größte der Delfine das himmlische, männliche Wesen jetzt zu dir trägt. Du siehst die schlanke Gestalt, das seidig blonde Haar und die leicht schräg gestellten, warmen und Liebe ausströmenden, strahlend blauen Augen. Ein zarter und doch kraftvoller Mund lächelt dir freudig entgegen.

Nun sind beide dicht am Ufer. Du bewegst dich, magnetisch angezogen, Schritt für Schritt auf dieses strahlende Wesen und auf den Delfin, der ihn trägt, zu. Der Fremde steht im Wasser neben dem Delfin. Beide schauen dir voller Freude und erwartungsvoll entgegen.

Du spürst tief in dir: Beide warten nur auf dich. Gehe weiter! Gehe langsam, Schritt für Schritt, auf sie zu.

Das warme Wasser umspielt sanft deine Füße. Du fühlst, wie es langsam an deinem Körper höher steigt, während du dich dem Delfin und dem zauberhaften Fremden näherst.

Und nun stehst du direkt vor den beiden Wesen, die dich immer noch freudig betrachten. Du spürst den Blick des blonden Mannes, der bis auf den Grund deiner Seele zu schauen scheint, und du spürst, wie warme und liebevolle Energien in dich einfließen. Du erkennst: Er weiß, wer du bist, er weiß, wie du dein Leben lebst, und er liebt dich für deinen Weg urteilsfrei und bedingungslos.

Er legt seine Hand auf deine Schulter, nimmt sodann deine rechte Hand und legt sie auf seine Schulter. Nun nimmt er deine linke Hand, die er jetzt dem prachtvollen

Delfin auf den Kopf legt. Fühle die glatte Haut unter deiner Handfläche. Er selbst legt seine freie Hand ebenfalls auf den Kopf des Delfinwesens. So steht ihr in einem körperverbundenen Dreieck im flachen Gewässer, während er sich dir vorstellt.

„Mein Name ist *Machalachacharian*. Mein Zuhause war einst auch das deine. Du hast mich gerufen, und ich bin deinem Ruf gefolgt."

Lausche den Worten, die *Machalachacharian* nun ganz persönlich an dich richtet. Er wird dir erzählen von seiner, von deiner spirituellen Heimat.

Machalachacharian erklärt dir den Weg durch die Universen in das Reich, das du aus deinen Träumen kennst. Lausche seinen Worten und behalte in Erinnerung, was er dir erklärt. Stelle ihm auch die Fragen, die dir auf dem Herzen liegen er wird sie dir beantworten.

Du spürst nun eine leichte Berührung des Delfins an deiner Hüfte und fühlst, dass jetzt der zweite Schritt deiner wunderbaren Begegnung bevorsteht. Der wunderbare große Delfin nennt dir jetzt seinen Namen. Sein Name ist: *Vördinjasal*.

Machalachacharian nimmt dich an die Hand, und gemeinsam besteigt ihr den Rücken des Delfins. Spüre das wunderbare Wesen unter dir. Leicht streckst du deine

Hand aus, um den Engel der Meere zu berühren.

Du bist überrascht über die trockene Kühle der glatten Silberhaut. Unerwartet beginnt der Delfin, zu dir zu sprechen. Du bist erstaunt, dass du seine Sprache verstehst, und spürst ein glückseliges Lachen in dir aufsteigen.

Halte die Nase in den Wind, während dein Delfin *Vördinjasal* jetzt mit dir durch die Wellen reitet. *Machalachacharian* hält dich fest und sicher, und *Vördinjasal* reitet mit euch durch die Wellen den anderen Delfinen entgegen.

Ja, lache laut und bringe deinen Freudenschrei nach außen, oder die Freudentränen, oder was auch immer du jetzt gerade fühlen magst. Drücke es aus, während du den Wellentanz tanzt auf dem Rücken des engelhaften Silberpfeils der Meere.

Ihr erreicht jetzt die Gruppe der Delfine am Lichtschiff. Du kannst erkennen, dass die Engel der Meere einen wundervollen Tanz im Licht des Schiffes tanzen, das sanft und silbern über ihren Köpfen schwebt. Lausche ihren Gesängen, während *Vördinjasal* dich in die Mitte des Kreises aus Delfinen trägt.

Langsam gleitest du von seinem Rücken. Schon tauchen drei Delfine unter deinen Körper, um dir als Unterlage zu dienen. Lege dich auf das Wasser des Ozeans und lass dich auf dem Rücken der drei Delfine tragen. Lass deinen Körper mit dem Schaukeln der Wellen mitgehen und spüre, wie Wärme, Licht und Kraft aus den Körpern unter dir in dich eintreten.

Machalachacharian hält sanft seine Hände über deinem Körper. Du spürst, wie die silberne Kraft der Göttin des Universums, aus seinen Händen fließend, dich nun in jeder Zelle deines Körpers durchdringt.

Ein weiterer Delfin schwimmt rechts an dich heran, wieder ein anderer ist auf deiner linken Seite. Sie überprüfen jetzt deinen ganzen Körper nach Unausgewogenheiten. Folge ihnen mit deiner inneren Acht- und Aufmerksamkeit durch deinen Körper hindurch, indem du an deinen Füßen beginnst. Halte dort inne, wo immer du selbst Blockaden verspürst.

Spüre, wie die Delfine hier ihre engelhafte, silberne Energie in dich einfließen lassen. Nimm dir für diese Heilarbeit deines Energiefelds so viel Zeit, wie du benötigst.

Halte dabei deine Augen geschlossen. Spüre die Delfine an deiner Seite. Atme die Kraft, die von den Engeln der Meere in dich einströmt, durch deine Zellen in dich hinein. Langsam und ruhig. Atme Heilkraft ein und jegliche Unausgewogenheit aus.

Lausche während der Behandlung, die die Delfine dir schenken, der sanften Musik der Wellen und dem Gewisper der Delfine, die dir jetzt ihre Geschichte erzählen.

Sie erzählen dir von fernen Welten, in denen sie zu Hause sind. Sie erzählen dir, warum sie hier sind und welche Aufgabe sie für die Erde, die Ozeane und die Menschen übernommen haben. Sie erzählen dir, was sie in den Ozeanen verrichten und woher sie ihre Kraft zur immerwährenden Freude nehmen.

Du erkennst jetzt: Der Weg ist deine eigene unsterbliche Göttlichkeit zu erkennen. Diese Erkenntnis reicht aus, um in immerwährender Freude zu leben.

Du erkennst, dass du ab heute frei von Angst und Sorge durch dein Leben gehen und jederzeit das Geschenk der Engel der Meere weitergeben kannst, an alles und jeden, das oder der deinen Weg berührt.

Die Erneuerung deiner Energien ist abgeschlossen. Du bist erfüllt von neuer Energie in all deinen Zellen. Genieße das neue Heilsein in dir. Genieße dich und dein Sein.

Machalachacharian lädt dich ein, ihn in das Lichtschiff zu begleiten. Du stimmst voll freudiger Erwartung zu und spürst, wie du sanft durch den Lichtstrahl, der aus dem Lichtschiff kommt, hinaufgehoben wirst. Dann findest du dich in einer wundervollen Halle wieder, die in mattem Silber erstrahlt.

Schaue dich um in dieser unwirklichen Welt, in der Liebe und Technik harmonisch miteinander vereint sind.

Während du hier stehst und dich umschaust, vernimmst du eine lächelnde Stimme, die dich hier an Bord des großen Spirits der Delfine begrüßt. Du wendest dich um und erkennst eine grandiose Gestalt. Die große Seele der Engel der Meere breitet ihre Arme aus, um dich Wesen aus Wasser und Erde sanft zu umfangen.

Schmiege dich in die warmen Arme des vertrauten Wesens, das nun zu einem Teil von dir selbst wird. Atme durch jede Pore deines Körpers diese große Energie vollkommenen Heilseins, vollkommener, urteilsfreier Liebe, vollkommener Gesundheit und Heilung in dich ein.

Atme ganz bewusst durch die Poren deiner Haut ein und entlasse deinen Atem, den du durch deinen Lichtkanal nach oben gleiten lässt, durch dein Kronenchakra wieder aus. Atme so aus, wie ein Delfin es tut.

Der Spirit der Meere nennt dir nun seinen Namen: *Shareiam*. Sie ist die große, multidimensionale Seele aller Wale und Delfine. Sie ist die Hüterin dieser Engelwesen, die auf dieser Erde in den Gewässern der Ozeane leben, um uns zu dienen.

Du erfährst durch ihre kraftvolle und doch so sanfte Stimme, dass die Wesen des Sirius, die vor der Göttlichen

Quelle selbst den Engelstatus tragen, sich in die dichte, niedere Ebene der Erde begeben haben, um die Geschöpfe des Wassers, zu denen auch wir Menschen gehören, zu schützen und zu lehren, wahrhaftig zu sein.

Sie sind hier, uns zu lehren, wie leicht es ist, in Freude zu sein, und wie wichtig es ist, eine Freude für jeden anderen zu sein.

Shareiam lädt dich nun ein, deine wichtigste Frage zu stellen, die deinen Weg betrifft. Tue dieses JETZT und nimm die erste Antwort entgegen, die in dir widerhallt.

Während Shareiam dich jetzt sanft aus ihren Armen entlässt, nimmst du wahr, dass der Raum sich gefüllt hat. Alle Delfine, die zuvor mit dir unten im Meer waren, wurden nach dir den Lichtstrahl emporgehoben. Sie füllen den Raum mit ihrer Freude und ihrem Lachen.

Hier, in dieser unwirklichen Atmosphäre, erkennst du, wie sich ihre Haut und ihre Gestalt verwandeln. Du nimmst wahr, wie sie langsam, doch stetig, menschenähnliche Züge und Glieder annehmen. Nimm dir Zeit, diese Verwandlung zu erfahren.

Kosmische Musik erfüllt diesen wundervollen Raum, der von engelhaftem Lachen und Summen durchdrungen ist. Du erkennst die wunderbaren Wesen. Du siehst, wie ihre Flügel sich jetzt vor dir entfalten. Genieße diesen faszinierenden Anblick, diesen heiligen Augenblick.

Erfreue dich an ihrer neuen Freiheit so, wie sie selbst es tun. Lass dich erreichen von der Befreiung, die sie selbst jetzt fühlen, da sie wieder in ihrer ursprünglichen Form und Gestalt die Atmosphäre ihrer Heimat atmen dürfen.

Ein wunderschöner Engel tritt hervor, und du erkennst, es ist: *Vördinjasal* in seiner wahren ätherischen Gestalt. Er bittet dich, ihm zu folgen, und führt dich zu einem bequemen und gemütlichen Ruhesessel, der in der Mitte des Raums steht. Betrachte dir diesen Sessel und wisse, dass er von nun an, für immer und alle Zeiten, dein ganz persönlicher Platz ist.

Du kannst zu jeder Zeit, wann immer du willst, hierher an diesen Ort zurückkehren, der jetzt durch Shareiam für dich in der Atmosphäre dieses Planeten verankert wird.

Fühle die Energie und nimm diesen Raum mit deinem ganzen Sein JETZT in Besitz.

Shareiam versiegelt diesen Raum, der deinen kosmischen Namen trägt. Schaue dir das Namensschild auf der Tür an, das deinen Namen trägt. Vielleicht kannst du die Schrift entziffern? Dann nimm das Wissen um deinen kosmischen Namen nach deiner Rückkehr mit in deine Gegenwart.

Die Decke des Schiffes öffnet sich. Du hebst deinen Kopf und schaust direkt in einen strahlenden, sternenfunkelnden Himmel. Faszinierend schön ist der Himmel über dir, und du erfährst tief in dir, wie wundervoll es ist, auf der Erde zu sein und jeden Abend in diesen Himmel schauen zu dürfen.

Von einem besonders hellen Stern kommen Gestalten zu dir hinab. Sie schwimmen durch die Atmosphäre und nähern sich eurem Lichtschiff. Es sind die Geschwister der Engel der Meere, die du bereits kennengelernt hast.

Die Wesen des Sirius, die nur für dich herabgestiegen sind, schweben langsam in den Raum. Du wirst Zeuge einer hinreißenden Begrüßung der irdischen und der sirianischen Engel.

Die Freude wird leiser, und alle Augen richten sich auf dich. Du fühlst dich als das göttliche Wesen, das du wirklich bist. Tauche ein in diese Liebe, während die Wesen sich nun um deinen Ruhesessel versammeln.

Dein Sessel unter dir bewegt sich leicht. Du wirst, auf deinem Sessel sitzend, von den Händen der wunderbaren Engel emporgehoben hinaus in den unendlichen Raum des Universums.

Hier in diesem Raum des Friedens über dem Ozean verkünden nun die Stimmen der Engel der Gewässer laut deinen Namen. Sie krönen dich in die Weihe der vollkommenen Heilkraft und Trägerschaft der Weisheit der Delfine. Erfahre den Gesang, erfahre die Freude und lass diese Freude zu deiner eigenen werden.

Shareiam schwebt auf dich zu. In ihren Händen hält sie das Siegel deiner Integration. Öffne deine Hände und lass dieses Zeichen mit deinem Atem in deine Hände einfließen.

Bedingungslose-Delfinliebe

Du hörst ihre sanften Worte:
„Hiermit weihe ich deine Hände mit der Delfinkraft der Heilung, der bedingungslosen Liebe und der innigen, unlösbaren Verbundenheit mit dem Licht der Quelle. Verankere dieses Licht, wo immer du bist."

Shareiam legt ihre Hände auf deine. Sie integriert das heilende Symbol tief in deinen Handflächen. Das Gleiche wiederholt sie nun mit deinem Scheitelchakra, deinem Stirnchakra, Kehlchakra, Thymuschakra, Herzchakra, Solarplexus, Nabelchakra, Wurzelchakra, Kniechakren und mit deinen Fußchakren.

Atme das Symbol in jedes deiner Chakren ein.

Shareiam versiegelt die Weihe mit ihren Händen, aus denen goldenes Licht fließt, das von Silberfäden durchzogen ist.

Alle Anwesenden schauen deiner Weihe andächtig und feierlich zu. Fühle, was du fühlst, und integriere die bedingungslose Liebe in all deinen Chakren.

Zuletzt zeichnet *Shareiam* noch einmal das Symbol über deine Krone und fächelt es sanft mit ihrem Atem durch deinen Lichtkanal.

Integriere das Symbol der bedingungslosen Liebe. Lass es sich von deinem Lichtkanal in der Mitte deines Körpers ausbreiten, durch jede Zelle deines Seins. Lass es durch deine Haut nach außen strömen und dich vollständig umhüllen. Fühle die Weihe tief in dir und versprich dir selbst, dich von heute an ermächtigt zu fühlen, Heilung auf die Erde und in dein Sein zu tragen.

Shareiam teilt dir mit, dass es Zeit ist, für heute Abschied zu nehmen. Sie haucht dir einen freundschaftlichen Abschiedskuss auf die Stirn und zieht sich langsam zurück in ihr Lichtschiff.

Auch die Wesen des Sirius verabschieden sich von dir. Sie kehren zurück in die Reiche, aus denen sie kamen.

Du befindest dich auf deinem Ruhesessel, bist jetzt umgeben von den Engeln der Meere, die dich betrachten und dich einladen, sie in ihr Reich zu begleiten.

Du willigst freudig ein, noch ganz geheiligt von der Weihe durch *Shareiam*.

Machalachacharian sendet dir ein freudiges Lächeln entgegen, und du nimmst wahr, wie die Engel sich wieder zurückverwandeln in die Delfingestalten der Engel der Meere, mit der sie hierherkamen.

Während du jetzt an dir selbst hinunterschaust, stellst du fest, dass auch du eine solche Haut bekommst und ihre Gestalt annimmst. Nimm dich ganz neu wahr, lass deine Hände über deine neue Haut wandern und stehe in deiner Vision langsam auf von deinem Ruhesessel, der hier in deinem ganz persönlichen Raum verbleibt.

Du bist jetzt ganz und gar zum Delfin geworden. Spüre dich. Spüre, wie unwichtig all die kleinen Dinge des Menschenlebens geworden sind. *Machalachacharian* zählt laut: Eins – zwei – drei!

Mit einem kraftvollen Satz springst du mit der Delfinschar hinab in den Ozean.

Du gleitest in das Wasser, elegant wie ein Silberpfeil, und alle deine neuen Freunde umgeben dich. Nur *Machalachacharian* hat seine alte Form behalten doch, oh Wunder er schwimmt ebenso elegant und schnell wie du und deine Delfingeschwister.

Freudiges Lachen erhellt die Stille. Fühle dich in der Gemeinschaft, fühle dich in deiner Ganzheit. Genieße das neue Gefühl von Freiheit in der Gestalt eines Delfins.

Mittlerweile ist es Nacht geworden am Ozean. Ihr tummelt euch im Wasser, voller Lebenslust und Lebensfreude, einfach nur sein. Einfach nur Freude, Liebe und Sinnlichkeit sein.

Genieße das Spiel mit den Wellen, genieße die sanfte Mondin, die deinen Rücken beleuchtet, und spüre das neue Heilsein, das von jeder Zelle deines Körpers reflektiert wird.

Eine ganz neue Tiefe und Ruhe erfüllen dein Sein. Du erkennst JETZT deine Bestimmung in deinem Leben als Mensch! Du erkennst, dass Freude, Leichtigkeit, Lebendigkeit deine wahre Natur sind, die du auf dieser Erde verwirklichen willst.

Vördinjasal und *Machalachacharian* schwimmen an deine Seite. Sie beglückwünschen dich zu deiner neuen Erkenntnis und zu deiner neuen Erfahrung der Wertigkeit des Lebens. Hier in diesem Raum lassen sie dich einen kleinen Einblick nehmen in die Geschichte der Welt, in die Geschichte der Menschheit.

Du erfährst, dass du keinerlei Abhängigkeiten an Menschen mehr leben musst. Du erkennst die Wahrhaftigkeit deiner neuen Brüder und Schwestern und beschließt HIER und JETZT:

„Nie wieder fühle ich mich unfrei. Ich bin frei in meiner eigenen Göttlichkeit."

Bekräftige dieses drei Mal laut und deutlich mit deiner neuen Delfinstimme.

„Ich bin frei in meiner eigenen Göttlichkeit!
Ich bin frei in meiner eigenen Göttlichkeit!
Ich bin frei in meiner eigenen Göttlichkeit!"

Langsam, doch stetig, bildet deine neue Form sich zurück in den Körper eines Menschen, in deinen Körper. Nimm wahr, wie es geschieht.

Doch du bist ein ganz neuer Mensch geworden. Innerlich und äußerlich hat sich alles an dir und für dich verwandelt, denn du trägst nun den Silberglanz der Delfin-Einweihung in dir.

Vördinjasal entfaltet noch einmal seine Engelflügel.

Diese Flügel umfangen dich, und er trägt dich zurück an das Ufer des Meeres.

Du sitzt neben *Machalachacharian* im Sand, winkst *Vördinjasal* noch einmal zu und betrachtest dir die ehemals goldenen Wellen, die jetzt silbern den Mondschein reflektieren. In der Ferne erkennst du deine neuen Freunde. Sie winken dir zu.

Wenn du noch Fragen an *Machalachacharian* hast, dann stelle sie jetzt.

Machalachacharian umarmt dich sanft, warm und liebevoll. Er winkt dir zum Abschied, während er sich langsam von dir entfernt.

Nun steigt er auf den Rücken von *Vördinjasal* und wird lachend zum Lichtschiff zurückgetragen.

Du siehst, wie er vom Lichtstrahl erfasst wird und im Raumschiff entschwindet.

Das Licht zieht sich zurück. Das Schiff steigt auf, um in einer wunderbaren Kurve dem Sirius entgegenzustreben.

Du darfst so lange am Wasser verweilen und in dich spüren, wie du magst. Wenn du bereit bist, in die Gegenwart zurückzukehren, dann bringe alle deine Geschenke mit.

Nimm dir sofort deinen Schreibblock und notiere alle Erinnerungen, die du mitgebracht hast, und wisse. Du bist nun für allezeit wieder vereint mit der Kraft des Sirius und der Engel der Meere.

Integration deiner ersten Einweihung

© Markus Gössing - Fotolia.com

Nimm die Delfin-Kristallpalast-Ermächtigung in Liebe entgegen. Arbeite damit.

Besonders schön ist es, wenn du diese Energieform mit Kindern teilst. Passe die Meditationen dem Alter der Kinder entsprechend an, indem du vielleicht die Bilder ein wenig ausführlicher erklärst. Doch bitte behalte dabei die Grundstruktur. Bei Kindern ist es immer sehr schön, einige kleine Delfine als Geschenk dabei zu haben. Diese gibt es als Schlüsselanhänger, als kleine Bambusschätzchen, als Edelsteindelfine oder als Mini-Stofftiere.

Kinder haben eine ganz natürliche Beziehung zu diesen wunderbaren Wesen, und ein kleiner Delfin, der bei der Einweihung in der Hand gehalten wurde, ist eine wunderbare Erinnerung.

Du kannst auch mit den Kinder malen. Lass sie ihre ganz eigenen Eindrücke mit Stiften auf Papier bringen. Verbinde dich mit den Delfinen und lass dich inspirieren. Die Liebe zu Kindern ist völlig ausreichend, um ihnen ein unvergessliches Erlebnis zu bescheren.

Nun wünsche ich dir ein wundervolles Erfahren und Erleben auf deinem Weg mit dem Spirit des Delfinreichs.

Lass dir Zeit, mit den Delfinen und allen Wesenheiten, die du heute erfahren hast, vertraut zu werden, bevor du den nächsten Schritt der Wal-Einweihung erfährst.

Im vierten Teil wirst du dann durch die Delfine und Wale in den Kristallpalast geführt, die dir die Geheimnisse ihres Auftrags erzählen werden.

Du kannst diese Einweihung zu jeder Zeit für dich wiederholen und die Engel der Meere bitten, dich selbst, die Wunden der Erde, des Naturreichs, der Tiere oder anderer Menschen zu heilen, soweit dieses mit deren freiem Willen im Einklang ist. Erinnere dich vor allem daran, wenn du wieder in Abhängigkeiten zurückfällst oder glaubst, dein Leben sei unglücklich etc.

Mögen die göttliche Freude der Wesen des Sirius, unserer Engel der Meere, die sich uns als Delfine zeigen, und ihre bedingungslose Liebe dich auf deinem Weg der Heilung führen und begleiten.

Ich hoffe, dass du deine Delfin-Einweihung ebenso genießen konntest wie ich. Ich liebe es, ein Teil der göttlichen Aufgabe zu sein und uns selbst, andere Menschen, die Erde, die Ozeane und das Weltall mit heilenden Energien zu erfüllen.

Sei von heute an frei und mitfühlend mit Allem-was-ist, wie die Delfine es sind. Sei voller Freude wie sie. Genieße dein Leben und liebe es. Sei zu dir selbst liebevoll und ehre dich für deine dir innewohnende Göttlichkeit.

Alles Liebe,
Eva-Maria

Delfinenergie anderen Menschen oder aus der Ferne schenken

© Markus Gössing - Fotolia.com

Du kannst mit dieser wunderbaren Energie, die nun in dir integriert ist, dir jederzeit neue Energie schenken. Du kannst aber auch andere Menschen und Tiere damit beglücken, selbst aus der Ferne, wenn ein Mensch dich darum bittet. Der Vorgang ist gleich, egal, ob der Mensch physisch vor dir sitzt oder sich an einem anderen Ort mental mit dir verbindet.

Nimm dir Zeit für dieses sehr heilsame und aufregende Ereignis. Stell das Telefon und die Türklingel ab und begib dich an einen Ort, an dem du gänzlich ungestört bist.

Begib dich in eine Position, in der du dich konzentrieren kannst und trotzdem bequem sitzt. Nimm einen tiefen Atemzug und atme deine Delfin-Ermächtigung ein. Beim Ausatmen lass alles aus deinen Gedanken gehen, was dich von der Entspannung entfernt.

Wenn du so weit bist, nimm Kontakt auf mit der Person, der du die heilende Delfinkraft senden möchtest. Du kannst gerne die Symbole des zweiten Reiki-Grads nutzen und auch das Meister-Symbol.

Verbinde dich mit dem Menschen, dem Tier oder dem Ort, dem du die Heilenergien senden möchtest. Bitte alle spirituellen Helfer der göttlichen Lichtebenen um ihre Anwesenheit, die dich begleiten wollen.

Dann bitte die Delfine darum, in der Energie des Empfängers zu erscheinen, um diesen Menschen, das Tier oder den Ort mit der spirituellen Delfinenergie zu erfüllen.

Erhebe beide Arme hoch zum Universum. Bitte darum, dass die Sirius-Heilkraft jetzt auch durch dich fließen möge, um deine eigene Einweihung zu erneuern und zu verstärken.

Verbinde dich energetisch und lass die Energie aus deinen Händen in die Aura fließen. Es gibt weder Zeit noch Raum für Energien. Sende deine Einweihungsenergien, im Vertrauen darauf, dass sie den Empfänger erreichen.

Die Delfinwesen werden ebenfalls in der Energie des Menschen, Tieres oder Ortes sein. Sie werden die Heilenergien dorthin lenken, wo sie gebraucht werden.

Bleibe in energetischer Verbindung und übergib alles an das höhere Reich der Delfine, sodass sie ihre Arbeit tun können, diesem Menschen zu helfen, sich selbst zu heilen.

Bleibe für eine Weile in deiner Atemverbindung und lass dich die Visionen sehen, die dir von den Delfinen gebracht werden. Spüre dein tiefes, erneutes Erwachen und sei dir der Heilwerdung tief bewusst.

Wenn du spürst, dass der andere Mensch genug positive Energie getankt hat, löse langsam die Verbindung. Lass *Shareiam* und die anderen zurückkehren in ihre Heimat.

Zeichne zum Schluss in deiner Vorstellung das bedingungslose Delfin-Liebes-Symbol über das Kronenchakra und bitte den Empfänger der wunderbaren Energien darum, es durch den Lichtkanal in alle Chakren fließen zu lassen. Wenn du magst und kannst, dann visualisiere ebenfalls, wie es vom Lichtkanal aus durch alle Poren nach außen dringt.

Bitte nun den Empfänger, langsam loszulassen und sich an der bedingungslosen Liebe der Delfine zu erfreuen, diese anzunehmen und das Gefühl der Trennung in diesem Erdenplan gehenzulassen.

Bedanke dich bei den Delfinen, bei *Machalachacharian*, *Shareiam* und allen anwesenden Lichtwesen für ihre Unterstützung in eurer heiligen Verbindung und für ihre bedingungslose Liebe zu den Menschen.

Danke ihnen für ihre Bereitschaft, immer und jederzeit zu helfen, wenn jemand sie ruft und um Heilung für sich selbst, die Erde oder andere bittet.

Erlaube ihnen nun, ihren eigenen Wegen zu folgen. Bleibe in der Gewissheit, dass sie jederzeit für dich und für uns da sind.

Bedanke dich nun auch bei dem Menschen, dem du diese Energien vermitteln durftest, für ihr oder sein Vertrauen. Sehr wertvoll ist es, wenn ihr euch danach telefonisch über eure Erfahrungen austauscht. Vielleicht empfiehlst du dieses Buch, damit dieser Mensch sich ebenfalls selbstermächtigt in diese Energie erheben kann, wenn er oder sie bereit dazu ist. Und erinnere dich immer daran: Nur im JETZT ist der Augenblick zu leben. Darum können Energien unmittelbar übertragen werden.

Lass die Übertragung nun so, wie es für euch schön und angenehm ist, ausklingen.

Die Einweihungen gemeinsam in einer Gruppe erfahren

© Stefan Richler - Fotolia.com

Die Delfin-Einweihungs-Meditation ist eine wundervolle Meditation für die gemeinsame Erfahrung in einer Gruppe. Hier eine kurze Anleitung, wie du eine solche Gruppe leiten kannst. Am schönsten ist es, wenn ihr alles gemeinsam vorbereitet. Wenn du deine Einweihung bereits erfahren hast, dann ist es vorteilhaft, ganz besonders auch für dich selbst, wenn du die Meditationen vorliest und ein wenig die Führung übernimmst.

Sei dir sicher, dass ihr einander vertraut. Gut ist es, wenn es sich um Menschen aus deinem Freundeskreis handelt, die den gleichen Weg gehen wie du selbst. Doch manchmal ist es so, dass viele spirituelle Menschen in einem Umfeld leben, in dem sie sich allein fühlen. Für diese Situationen haben wir ein Forum eingerichtet. Hier kannst du dich austauschen und Gleichgesinnte vielleicht direkt in deiner Nähe finden.

Wenn du eine kleine Gruppe beisammen hast oder ihr zu zweit seid, dann freue dich auf den Tag, den ihr gemeinsam erfahren wollt und dürft. Bereite dich selbst gut vor, indem du dich in deine Delfinenergie hüllst. Du selbst wirst noch tiefer eingeweiht, je öfter du diese Erfahrung wiederholst. Hier nun eine kurze Anleitung, wie du eine solche Gruppe gestalten kannst.

- Reinige den Raum so, wie du es gerne magst. Zünde ein Räucherstäbchen an, ein ätherisches Öl oder führe ein Räucherritual durch. Besprühe den Raum mit dem Kristallpalast-Spray, wenn du es hast.

- Es ist sehr schön, wenn ihr Delfinposter aufhängt und vielleicht einen Springbrunnen, vorzugsweise einen Wasserfall, laufen lasst. Es gibt einen Wasserfall, der sich Victoria Falls nennt und ein wunderschönes Raumobjekt ist. Es gibt ihn in klein (circa 30 cm) und in groß (circa 180 cm hoch).

- Erzähle ein wenig von dir, zum Beispiel, was du selbst bei deiner Einweihung erfahren hast. Lass jeden wissen, dass du seither die Engel der Meere zu allem fragen kannst, was dich bewegt, du sie jederzeit rufen kannst, wenn du für dich oder andere Wesen Heilung benötigst.

- Erzähle von ihrer allumfassenden Liebe. Wie es sich zum Beispiel anfühlt, wenn du sie bittest, in das Lichtschiff eingeladen zu werden, und welche Gefühle du in der Gegenwart von *Shareiam*, oder der Wesen, die vom Sirius zu dir herabkommen, empfindest.

- Kläre ab, dass jeder Einzelne zuvor das Buch, zumindest die erste Einweihung, für sich selbst gut durchgearbeitet hat. Vielleicht mögt ihr auch ein wenig über das Buch diskutieren.

- Halte immer genügend frisches Wasser und Gläser bereit und vielleicht einen kleinen Imbiss wie Kekse, Schnittchen usw. Lass dir etwas einfallen. Du hast Gäste, die mit dir gemeinsam eine tiefe spirituelle Erfahrung machen wollen. Ein wenig feste Nahrung danach ist immer gut für die Erdung.

- Auch wenn jeder der Anwesenden das Buch gelesen haben sollte, erkläre trotzdem den Ablauf einer Visualisierung. Erkläre, dass Bilder auftauchen können und dürfen, die Delfine Hinweise geben können und die Anwesenden geschehen lassen mögen, was immer sich ihnen zeigt. Sprich aus deiner eigenen Erfahrung. Lege zur Meditation am besten eine Delfinmusik auf.

- Achte zuerst darauf, dass jede/r bequem liegt oder sitzt.

- Beginne die Gruppenmeditation mit den sieben tiefen Atemzügen und dem Wellenatem.

- Dann nehmt einen zusätzlichen tiefen Atemzug, um die Energie der spirituellen Delfine in die Gruppe einzuladen. Hierbei soll jede/r sich das Eintauchen einer Gruppe von Delfinen in die Gruppe vorstellen.

- Dann lies die erste Meditation – Einführung in die Delfinenergie – aus diesem Buch vor. Du darfst dich selbst auch auf die Meditation einlassen. Es wird für dich eine wundervolle Erfahrung sein zu erkennen, dass du sowohl vorlesen, als auch selbst daran Anteil haben kannst, indem du die Energien ebenso erfährst wie in deinen eigenen Meditationen.

- Nach Abschluss der Meditation redet miteinander in der Gruppe über eure Erlebnisse. Erkläre, dass es sehr förderlich ist, wenn jede/r diese Meditation nach dem heutigen Tag, den ihr gemeinsam erfahrt, zu Hause für sich alleine durchführt. Je öfter, desto besser, da dann der Kontakt zu den Delfinwesenheiten mehr und mehr wächst.

- Besprich jetzt den Wellenatem, den du sicherlich schon perfekt beherrscht, und erzähle ihnen, wie wundervoll es ist, diesen mit anderen Menschen zu teilen.

- Macht dann am besten eine kurze Pause. Bereitet den Raum noch einmal liebevoll vor. Lass ein wenig frische Luft herein und lege eine schöne Wassermusik, zum Beispiel Delfinsound, zurecht. Schalte auch deinen fließenden Brunnen ein. Reinige noch einmal energetisch, nutze noch einmal das Delfinspray und gib einen schönen Duft hinein. Räucherstäbchen sind nicht für jeden geeignet. Ich persönlich bevorzuge nach der Reinigung Duftlampen mit einem passenden ätherischen Öl.

- Nun ist es an der Zeit, mit der Einweihungsmeditation zu beginnen. Lass deine Freunde wissen, dass es eine wunderschöne und heilende Einweihung sein wird und sie geschehen lassen sollen, was immer sich ihnen zeigt. Am besten ist es, wenn jede/r zuvor das Buch mindestens einmal durchgelesen hat.

- Du darfst dich ruhig wie eine große Schwester/ein großer Bruder fühlen, die/der ihre Erfahrungen teilt. Daher sorge nun wieder dafür, dass alle bequem und angenehm sitzen oder liegen.

- Nun beginne mit dem Vorlesen der Einweihungs-Meditation. Lass dich selbst während des Lesens ganz tief auf dich ein. Du wirst erfahren, dass die Energie der Gruppe sich vertieft und du wunderbar geführt wirst.

Du wirst wissen, wann du Pause machen und weiter-
gehen darfst. Die Energie der Delfine ist sehr viel kraftvoller für dich spürbar.

- Erinnere sofort nach der Einweihung jeden Einzelnen
  daran, seine Erlebnisse aufschreiben. Tue du das Gleiche.

- Wenn ihr mögt, dann diskutiert noch miteinander. Erzählt euch, wie die Einweihung von jedem Einzelnen
  erlebt wurde.

- Mache noch einmal ganz deutlich bewusst, dass du
  selbst erfahren hast, dass die Delfine, ebenso wie *Machalachacharian* und *Shareiam,* nun jederzeit erreichbar sind, der persönliche Raum dauerhaft verankert ist
  und sie auf einer heilenden Reise in ein neues Leben
  durch ihre Verbindung mit der Welt der Delfine sind.

- Verteile nun die Diplome, die du auf meiner Website
  ausdrucken kannst. Das Diplom sollte jeder selbst mit
  dem eigenen Namen unterschreiben. Wenn du magst,
  kannst du auch jedem ein kleines Geschenk mit auf den
  Weg geben. Ich bevorzuge kleine Edelsteine, die während der Einweihung auf einem Tischchen liegen. Diese
  Steine nehmen die Einweihungsenergie auf und halten
  sie. Schön ist es, wenn jede und jeder Einzelne sich
  zuvor selbst einen Edelstein mitbringt, der in dieser Zeit
  im Raum liegt oder am Körper getragen wird.

- Wenn du magst, dann kannst du auch gerne das Kristallpalastspray weitergeben, natürlich gegen Erstattung deiner Unkosten.

Delfine sind nicht einfach nur Fische, das weißt du! Delfine und Wale sind Säugetiere, genau wie du.

Delfine und Wale sind kosmische Lehrer für die Menschheit. Jeder Mensch, der bereit ist, von ihnen zu lernen und sich den spirituellen Energien zu öffnen, kann unglaubliche Ergebnisse erzielen.

Delfine haben Zugang zu den lichtvollen Dimensionen, die den meisten Menschen noch verschlossen sind. Sie sind Mittler zwischen den Dimensionen.

Gerade für die Neuen Kinder und Menschen mit depressiven Verstimmungen kann die Einweihung in die Delfinenergie eine unschätzbare Hilfe auf ihrem Weg sein.

Wenn die Delfine dich dann in ihren Kristallpalast einladen, kannst du wertvolle Erfahrungen machen.

Heilung für die Meere und Mutter Erde

Dieses ist nun eine, speziell auf die Ozeane bezogene Meditation. Du kannst jedoch auch andere Reiche mit dieser Energie heilen, zum Beispiel das Reich der Feen und Elfen, das Reich der Naturgeister, das Reich der Elementarwesen und die Erde als Ganzes. Deinem Spielraum sind keinerlei Grenzen gesetzt.

Atme den goldenen Wellenatem tief ein und aus und entspanne dich dabei vollkommen.

Folge mit deiner Aufmerksamkeit deinem Atem, wie er durch deine Zehen in dich einströmt, in kleinen goldenen Wellen deinen Körper hinauffließt, dein Herz erreicht und in deine Lungen strömt, bis du ihn über dein Kronenchakra an dein Tempelchakra übergibst und von hier aus in das Universum entlässt.

Wenn deine Gedanken abschweifen, dann lass sie gehen und konzentriere dich wieder auf deinen Atem.

Spüre die wunderbare, silberne Energie um und durch dich hindurchfließen. Es ist die Lichtenergie des Sirius-Systems, aus dem unsere göttlichen Engel der Meere entstammen. Reine Energie aus Silber strömt auf dich hinab.

In dem Augenblick, wo du dir dieser Energie in dir bewusst wirst, spüre, wie diese Energie als ein warmer Strahl aus silbern-schimmerndem Licht auf dich hinabströmt, deinen Körper einhüllt und deinen Lichtkanal durchströmt.

Atme diese Energie nun über deine Körperoberfläche durch alle Poren ein.

Fühle mit jedem Atemzug, wie dein Kronenchakra sich balanciert und sich mehr und mehr dem Silberstrahl der Quelle öffnet.

Während du atmest, werde eins mit dieser kraftvollen und doch so sanften Lichtenergie.

Fühle, wie dein Atem- und auch dein Lichtkanal mit jedem Atemzug klarer und reiner werden.

Spüre, wie jedes Chakra auf dem Weg vom Tempelchakra, über das Kronenchakra, bis zum Herzchakra, mehr und mehr mit der silbernen Energie angefüllt, gereinigt und aktiviert wird.

Atme weiter das silbern strahlende Licht ein, bis es dein Herzchakra erreicht.

Fühle, wie dein Herzzentrum sich öffnet, wie es mit jedem Atemzug weiter, wärmer, liebevoller und kraftvoller wird.

Wenn du merkst, dass Gefühle in dir aufsteigen, lass sie zu, und wenn du magst, drücke sie aus.

Lass nun mit deinem Atem die silberne Energie bis in dein Verankerungschakra circa fünfzehn Zentimeter unter deinen Füßen wandern und auch auf diesem Weg alle deine Chakren ausbalancieren, deinen Lichtkanal reinigen, erweitern und dich mehr und mehr mit universeller Liebesenergie durchfluten.

Wenn dein Erdenstern erreicht ist, dann lass in deiner Vorstellung Wurzeln aus deinen Füßen wachsen. Fühle, wie ganz langsam Wurzeln aus silbernem Licht aus deinen Füßen tiefer und tiefer in die Erde hineinwachsen. Lass sie immer tiefer in die Erde hineinreichen, bis sie das Herz von Mutter Erde erreichen und umarmen.

Lass deine Liebe, dein lichtvolles Bewusstsein, ebenfalls hineinfließen in das Herz von Gaia.

Fühle ihre tiefe Liebe für dich und die Schöpfung und lass dich umarmen. In dieser Umarmung, während du weiter die universelle Liebesenergie einatmest, spürst du, wie dich alle Sorgen, Ängste und Schmerzen verlassen, die in dir waren.

Atme und spüre den Herzschlag von Mutter Erde an und in deinem Herzen.

Dein Atem schwingt sich auf den von Mutter Erde ein. Atme von allein und ganz sanft, bis du eins bist mit dem Atem, mit der Seele von Mutter Erde.

Und während du atmest, lass die wunderbare Energie von Mutter Erde, in die sie jetzt deine Wurzeln einhüllt, über deine Wurzeln hinauf durch deinen Lichtkanal bis in dein Herz hineinsteigen.

Atme weiter durch dein Kronenchakra das Licht von oben ein, lass es bis in das Herz von Gaia fließen. Von Gaias Herz ausgehend, lass gleichzeitig die geheiligte E-nergie von Lady Gaia von unten aufsteigend in dein Herz einfließen.

Hier in deinem Herzzentrum lass diese wunderbaren Energien sich vereinen. Fühle, wie dein Herz weit und weich wird. Wenn du dieses fühlst, dann lass die vereinte Energie in deine Arme fließen.

Halte deine Hände nun mit den Handflächen parallel gegenüber vor dein Herzchakra. Fühle, wie die Energie zwischen deinen Händen hin und her strömt. Dann stelle dir die Erdkugel vor. Lass sie sich in deiner Vorstellung zwischen deinen Händen manifestieren. Visualisiere die Erde zwischen deinen Handflächen, wie sie sich dreht.

Betrachte dir nun vor deinen inneren Augen die Ozeane, Bäche, Flüsse und Seen und sende die vereinten Energien, die aus deinem Herzzentrum fließen, durch deine Hände direkt in die Bereiche der Gewässer, die deine Hilfe und Unterstützung wünschen oder benötigen.

Sende diese Energie in die Welt der Wale, Delfine und aller Lebewesen in den Meeren.

Sende zuletzt die Energie in die Wasser dieser Erde selbst. Wasser ist ein aufnehmendes Element. Daher sei dir sicher, dass deine Heilenergie die Wassermassen auf der ganzen Erde erreicht.

Stelle dir hierbei die Reinigung vor und siehe, wie das Wasser der Ozeane klarer und klarer wird. Visualisiere, wie die Meereslebewesen immer freier atmen. Wenn du ein solches Wesen vor deinem inneren Auge wahrnimmst, dann sende ihm direkt die Energie aus deinen Händen.

Fühle die Kraft und die Unterstützung des Universums sowie die von Lady Gaia in deinem Herzzentrum, die dir auf deinem Weg der Heilung zur Seite stehen.

Spüre diese heilende Kraft, die du aus Lemuria erinnerst, in dir widerhallen. Wenn du jetzt einen Ton hörst, dann summe ihn leise vor dich hin.

Spüre die Energien um dich herum. Lass dich selbst und die Erde zwischen deinen Händen ganz und gar durchfluten mit der heilenden Liebesenergie des silbernen Strahls, der direkt aus der Quelle kommt.

Visualisiere, wie diese Liebesenergie das Leben in allen Ozeanen, Flüssen, Seen und Bächen auf Erden heilt, und siehe vor dir die Lebendigkeit, die nun erneut in den Gewässern erwacht.

Visualisiere weiter, wie der silberne Lichtregen, der dich umhüllt, nun über alle Wasser der Erde und über die Erde selbst niedergeht. Fühle oder visualisiere, wie alles zu neuem, kraftvollen Leben erwacht, und wie die Erde selbst nun an ihren Kraftorten Energien aufnimmt, die sie dann in die Atmosphäre abgibt, und alles kraftvoll und mit bedingungsloser Liebe erfüllt wird.

Siehe die Erde in ihrer Vollkommenheit und nimm wahr, wie nun alles, was auf und in ihr lebt, erfüllt und gereinigt wird durch die bedingungslose Liebe unserer Mutter Erde und durch die Heilkraft der Quelle, deren Energien immer noch durch dein Kronenchakra und deine Wurzeln in dich einströmen.

Wenn du so weit bist, dann kannst du wieder deine Augen öffnen und dir sicher sein:

Alles im Universum ist eins.
Es gibt keine Trennung.
Deine Heilunterstützung wird der Erde einen Teil ihrer Liebe vergelten und allem zugute kommen, was auf und in dieser Erde lebt.

Teil 3

Delfin-Kristallpalast
Die Feen und Blumenelfen der Meere

Eva-Maria Ammon und Shareiam
Spirit of the Dolphins

Einweihung in die Feenkraft der Meere

Herzlich willkommen zu deiner zweiten Einweihung in die Energie der Elfen, Feen und Blumenwesen der Meere, auf diesem und auf unseren Heimatplaneten.

Ich wünsche dir von ganzem Herzen, dass du deine erste Einweihung für dich und deinen spirituellen Weg gut integriert hast. Sicherlich konntest du einen innigen Kontakt zu der wunderbaren Welt der Delfinwesen, zu *Shareiam, Machalachacharian* und all den anderen Wesen, die dich bis hierher begleitet haben, in der Zeit seit eurer ersten Begegnung knüpfen.

Vielleicht wurden dir auch wertvolle Hinweise gegeben, mit denen du für dich persönlich dein Leben bereichern konntest.

Hier nun erwartet dich die Fortsetzung deiner Reise, und damit eine weitere, wundervolle Erhöhung deiner Energie der inneren Kraft.

Diese sanfte und doch so kraftvolle Einweihung erhebt deine Energie auf die sanfte, reinigende, abgrenzende und heilende Ebene der Feen, Elfen und Blumen der Meere. Sind die Energien der Delfine sanft und heilsam, die Energie der Wale geprägt von Kraft, Klarheit, Weisheit, Selbsterkenntnis und Gelassenheit durch das Erfahren der eigenen inneren Stärke, so wirst du mit der Energie der Feen der Meere tief an dein inneres Sein herangeführt. Sie kann dich ganz tief in die Erfahrung deines Ursprungs bringen, wenn du dich auf die Leichtigkeit und die Eleganz der Meereswesen einlässt. So gilt es für dich, in dieser wundervollen Einweihung zu erfahren und neue Erkenntnisse darüber zu gewinnen, wer du wirklich bist.

Um dich in diese Energie einschwingen zu können, ist es notwendig, dass du einige Vorbereitungen triffst.

Werde dir daher bewusst, in welchen Bereichen deines Lebens du immer noch mehr auf andere Menschen als auf dich selbst achtest. Was die Elfen der Meere ausmacht, ist ihre Wehrhaftigkeit, ihre Fähigkeit zur Abgrenzung in all ihrer Zartheit. Fest verwurzelt in ihrem Ursprung bieten sie Schutz dem Schwachen. Und während sie sanft mit der Brandung schweben, sind sie wehrhaft gegen jeden Angreifer. Nur dann, wenn du diese sanfte Beständigkeit in dir selbst findest, bist du wahrhaft auf dem Weg des Aufstiegs in eine Dimension der Selbstverantwortlichkeit und der bedingungslosen Liebe.

Auch diese göttlichen Wesen haben ihren Ursprung in unserer Dimension, im Sirius-System. Von dort aus sind sie den Wal- und Delfinseelen hierher auf diese Erde gefolgt, um die Durchlässigkeit und Gelassenheit auf unserem Planeten zu verankern. Öffne dich deinem Ursprung. Dann wirst du auch hier auf dieser Erde dein Licht in die Dunkelheit tragen können.

Das Schwingen der Blumen und Feen der Meere

Die schwingenden Bewegungen der Blumen der Meere zu erlernen, kann dich tief in die Ebenen deiner inneren Klänge und zu der Sprache deiner Seele bringen.

Nimm dir für die folgende Übung mindestens fünf Minuten Zeit. Wenn du in Übung bist, dann sind fünf Minuten völlig ausreichend.

Setze dich an einen ruhigen Ort. Schließe deine Augen und lausche den Klängen in dir. Nutze deinen Walatem, um ganz tief in deinem Inneren zu versinken. Hier noch einmal eine kurze Wiederholung.

Sobald du bereit bist, spüre in dein Kronenchakra hinein und finde das Zentrum deines freien Atems.

Atme nun tief durch deinen leicht geöffneten Mund ein. Sammle den Atem an der tiefsten Stelle deines Brustkorbs und halte ihn kurze Zeit an. Stell dir vor, dass du in dieser Zeit in den Ozean abtauchst, und beobachte, was du siehst. Lausche tief in dich hinein und versuche, deinen eigenen inneren Klang zu erfahren.

Beim Auftauchen aus dem Wasser lass deinen Atem sanft und kraftvoll entströmen.

Wenn du tief und gleichmäßig atmest, dann stell dir vor, dass du eine Meereselfe bist, und schwinge sanft im Rhythmus der Wellen.

Stell dir vor, wie Quallen oder Seeanemonen sanft mit der Brandung hin und her schwingen, und lass deinen ganzen Oberkörper jetzt in diesen Rhythmus mitschwingen.

Bleibe dabei mit deinen Beinen ganz ruhig und sitze fest auf deinem Stuhl.

Visualisiere, wie Wurzeln aus deinen Füßen in die Erde wachsen. Schwinge mit deinem Oberkörper und fühle, wie du dich mehr und mehr dem Rhythmus hingibst. Du bist fest verwurzelt und doch frei und leicht.

Auch diese Übung kannst du sehr schön in der Bade-wanne machen.

Meditation zur Einstimmung

Diese Meditation ist, wie du bereits erfahren hast, am effektivsten vor dem Einschlafen oder wenn du dich unruhig fühlst, darum hier eine kurze Wiederholung.

Du stehst am Ufer des Ozeans, den du bereits von deinen letzten Reisen in das Reich der Wale und Delfine kennst. Deine Füße fühlen den weichen Sand, und deine Zehen spielen mit den Sandkörnern. Ja, lass deine Füße in deiner Vorstellung mit dem Sand spielen. Fühle den Sand und genieße die sanfte Massage deiner Fußsohlen.

Langsam versinkt die Sonne im Meer, das nun einen silbernen Glanz verströmt. Du atmest die klare, frische

Meeresluft. Erinnere dich an deine ersten Besuche und an deine erste Begegnung mit *Machalachacharian*. Seine Energie wird sofort präsent sein.

Du setzt dich in den warmen, weichen Sand und spürst einen tiefen Frieden, der ganz zu deiner inneren Wahrheit wird. Bewege deinen Körper mit dem Schaukeln der Wellen. Du bist fasziniert von der sanften Bewegung der Wellen, die langsam mit der Bewegung deines Körpers in Einklang kommt.

In der Ferne bemerkst du eine leichte Vorwärtsbewegung und etwas oder jemand, das oder der auf dich zukommt. Summe dein inneres Wal-Lied und vernimm ein leises Echo in deinem Inneren, das dich darauf einstimmen will, deiner eigenen Seele zu begegnen.

Gebannt und voller Erwartung schaust du auf das Wasser, als unerwartet ein alter Freund vor dir auftaucht. Es ist dein guter Freund *Vördinjasal*, der dich jetzt lächelnd begrüßt.

Du erhebst dich und gehst ihm langsam entgegen. Zwei atmende Wesen, in unterschiedlichen Elementen zu Hause, haben hier eine neue, noch tiefere Begegnung. Er betrachtet dich voller Liebe, die direkt aus dem Bereich deiner Seelenheimat zu kommen scheint, und du fühlst dich warm und geborgen in diesem Blick.

Begrüße *Vördinjasal* wie einen alten Freund, der er ja nun auch für dich ist. Erzähle ihm von deinen Erfahrungen, die du seit eurer ersten Begegnung für dich gemacht hast, und stelle ihm alle die Fragen, die dir jetzt am Herzen liegen.

Nimm dir hierfür die Zeit, die du brauchst, und lausche den Antworten, die er dir gibt.

Nun verabschiedet sich *Vördinjasal* von dir. Streichele zum Abschied noch einmal über seine Wangen und setze dich wieder in den weichen Sand. Der Mond scheint sanft auf das ruhige Meer, und diese Ruhe nimmst du mit in deinen Alltag oder in deinen Schlaf.

Einweihungsmeditation
Feen und Elfen der Meere
Ermächtigung

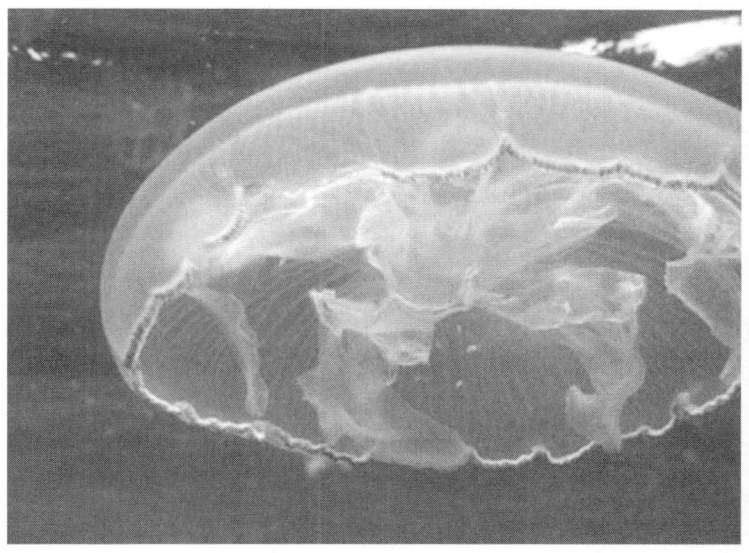

Bevor du dich zur Meditation hinsetzt oder hinlegst, bereite deinen Raum liebevoll vor. Lege dir einen Schreibblock und einen Stift zurecht, damit du am Ende deine Erfahrungen sofort niederschreiben kannst. Ich empfehle dir, dieses auf jeden Fall zu tun, denn die Erfahrung hat gezeigt, dass bereits fünf Minuten nach Ende und Rückkehr in den Alltag vieles vergessen ist. Solange du noch in der Energie der Einweihungsmeditation bist, kannst du dich an alles erinnern und während des Aufschreibens eventuell sogar manches noch tiefer erfahren und erkennen.

Schließe deine Augen und entspanne deinen Geist.

Du bist jetzt wieder am Rand des dir vertrauten, großen, wundervollen Ozeans. Eine ruhige Mondin scheint sanft auf die Erde und das Wasser. Sie lässt den Ozean wie flüssiges Silber glänzen.

Du liegst im weichen Sand, der noch die Wärme der Sonne in sich birgt, und drehst dich jetzt in deiner Vorstellung auf deinen Bauch.

Stütze dein Gesicht in deine Hände und schaue in das ruhige Wasser, das wie flüssiges Silber einladend und still vor dir liegt. Nur die Wellen plätschern leise flüsternd an das Ufer, ziehen sich wieder zurück, und du erinnerst dich deiner letzten Reise. Ein leises Sehnen durchzieht dein Herz in der Erinnerung an die wundervollen Gefühle des Angenommen- und Angekommen-Seins, die du in dem Beisammensein mit den Delfinwesenheiten erfahren durftest.

Du spürst jetzt ein starkes Verlangen in dir, in das silbern glänzende Wasser zu gleiten. So bewegst du dich langsam, auf dem Bauch liegend wie eine Robbe, dem Ozean entgegen.

Deine Fingerspitzen berühren das Wasser. Es ist seidenweich und samtig warm. Und beinahe scheint es, als würde der Ozean dich wie liebende Arme umfangen. Du fühlst, wie du von den Wellen sanft in das kühle, erfrischende Nass hineingezogen wirst und nun frei auf den Wellen schwebst. Genieße das Schaukeln auf und mit den Wellen. Fühle dich frei. Schwinge mit der Brandung wie eine Seeanemone. Fühle dabei, wie die leichte Brandung deinen Körper sanft massiert, und schwinge leicht mit der Brandung, bis du vollkommen entspannt und frei in dir bist.

Shareiam taucht freudig lachend vor dir auf. Betrachte sie dir. Genieße die Verbundenheit zu ihr. Sie erzählt dir jetzt, dass sie dich zu dem Geheimnis deines und aller Wesen Ursprung auf der Erde führen möchte. Lausche ganz ruhig den Worten, die sie zu dir spricht.

Shareiam lädt dich ein, auf ihrem Rücken Platz zu nehmen und mit ihr in das samtige Nass hinabzutauchen, um die Welt der Feen, Elfen und Blumen der Meere zu erfahren.

Du liegst auf ihrem warmen, glatten Rücken, und ihr gleitet voller Frieden durch die sanft dahingleitenden Wellen. Delfine und andere Wale kommen auf euch zu und begrüßen dich. Sie sind voller Freude, dass du wieder in ihr Reich eintauchen möchtest und deinen Beitrag zur Heilung der Erde mit allem, was auf und in ihr lebt, leisten möchtest.

Du stimmst gemeinsam mit *Shareiam* einen Gesang an, der euch beide noch tiefer miteinander verbindet. Lass jetzt dein ganz eigenes Delfinlied über deine Lippen fließen. Lass den Klang sich in deinem Körper ausbreiten. Singe, jubiliere dein Lied und lass es sich harmonisch mit dem Gesang von *Shareiam* vereinen.

Wiege dich im Klang des universellen Liedes, das euch beide vereint. Lass den Rhythmus durch dein ganzes Sein fließen. Komme in Einklang mit der Bewegung *Shareiams* und erfahre ihre Liebe und Lebendigkeit neu in dir selbst, die nun zu deiner eigenen Lebendigkeit wird.

Du spürst, wie *Shareiam* jetzt mit dir abtaucht. Das Wasser umfängt euch wie kühlende, massierende Hände. Fühle es so gut du es kannst.

Shareiam erklärt dir, dass du für die Zeit dieser Reise die Fähigkeit besitzt, auch unter Wasser deinen Körper mit Sauerstoff zu versorgen. Du spürst, wie du hier unter Wasser sanft und ruhig weiter atmen kannst. Ja, atme weiterhin tief ein und aus.

Schaue dich um. Betrachte dir die farbenprächtige, wundervolle Unterwasserwelt ganz genau, während ihr tiefer und tiefer hinabtaucht. Du bist wunderbar geborgen auf dem Rücken von *Shareiam* und siehst die anmutige, farbige Welt unter Wasser. Sanft und ruhig schwimmen bunte Fische an dir vorbei, die dir zuwinken und dich liebevoll anlächeln.

Shareiam trägt dich weiter und weiter. Tiefer und tiefer. Du bist völlig entspannt und zu Hause, während du jetzt zu einem wunderschönen Korallenriff getragen wirst. Zarte, grazile Seeanemonen winken dir freudig entgegen, um dich in ihrem Reich zu empfangen.

Sanft gleitest du von *Shareiams* Rücken hinunter und lässt dich auf dem Riff nieder. Das Wasser umspült dich warm und weich. Du bist ein wenig verwundert, denn das Riff unter dir fühlt sich an wie ein warmer, weicher Teppich. Du lauschst dem Gesang des Meeres, hörst die Gesänge der Delfine und Wale, die sich sanft in den Wellen verbreiten. Durch das Wasser über dir siehst du die Mondin sanft schimmern. Tiefer Friede erfüllt dein Herz.

Während *Shareiam* sich neben dir niederlässt, hörst du das Flüstern eines Wesens, das direkt neben dir schwebt und doch fest verwurzelt im Felsen ruht.

Du schaust dich um und siehst eine leuchtende, in herrlichen Farben strahlende, große Anemone, die dir mit ihren zarten Armen zuwinkt. Sie bittet dich, näherzukommen, doch ein wenig Abstand zu halten, damit ihre Arme dich nicht verletzen. Du erhebst dich und schwebst in der Schwerelosigkeit des Ozeans sanft auf sie zu. Du schaust sie dir jetzt genau an und erkennst ein zartes Gesicht zwischen den filigranen Armen, die sich anmutig im Wasser wiegen.

Das Wesen lächelt dich freudig an. Sein zarter Mund erklärt dir, dass es weiß, warum du heute hergekommen bist. Du willst hier und heute deinem Ursprung nahekommen und alle Abwehr gegen dich, gegen das Leben selbst, ablegen.

Die wunderschöne Anemone nennt dir jetzt ihren Namen. Sie heißt *Voreljama*. Sie möchte und wird dich auf dem Weg zu dir selbst begleiten.

Lausche ihren Worten, während sie dir jetzt erklärt, dass du heute hier auf der Erde bleiben wirst. Du wirst im tiefen Ozean weilen, während deine Einweihung durch die Elfen- und Feenwesen der Meere erfolgt.

Unerwartet fühlst du dich in helles Licht getaucht und spürst, wie sanfte Hände dich umfangen. Ein zarter Mantel aus flüssigem Licht wird um dich gelegt. Du spürst eine Schutzhülle der Liebe aus dem reinen Licht der Quelle, die deinen Körper nun gänzlich umfängt.

Voreljama erklärt dir, dass du von nun an immer, wenn du dich in diesen Mantel hüllst, von allen äußeren Einflüssen ungestört deinen Weg gehen kannst. Dieser Mantel wirkt auch auf der Erde. Er wird dich von nun an schützen, wann immer du ihn trägst. Nie wieder wird irgendein Mensch dich verletzen können, wenn du diesen Mantel trägst. Du fühlst tiefe Freude und große Dankbarkeit diesem Wesen gegenüber, das dir hier und jetzt diesen Schutz für Körper, Seele und Geist für dein gesamtes irdisches Leben geschenkt hat. Spüre deinen Mantel aus Licht, und dann lege dich in die federartigen Arme von *Voreljama*.

Sie wiegt dich sanft im Rhythmus der Wellen und summt dir das Lied des Lebens. Völlig geborgen fühlst du dich in ihren zarten Armen, während andere Wesen auf dich zuschweben. Du siehst wunderbare, zarte Wesen von ätherischer Natur. Betrachte dir die durchscheinenden, zarten, leuchtenden Wesenheiten der Ozeane.

Die Menschheit hat ihnen den unwürdigen Namen Quallen gegeben. Während sie leuchtend und federleicht auf dich zuschweben, spürst du ihre Zartheit und die Kraft in ihrem Sein.

Unerwartet fühlst du dich wie in einem lebendigen Tempel. Du ruhst in den warmen Armen von *Voreljama* und bist umgeben von den zarten Elfen und Feen der Meere, die dir von ihrem Sein erzählen. Du hörst ihr Wispern und ihr glockenhelles Lachen.

Sie erzählen dir, wie sie den Ursprung geschaffen haben für das Leben auf diesem Planeten Erde. Sie erzählen dir von ihrer tiefen Verbundenheit zu Gaia, von fernen Universen, in denen ihre Seelen zu Hause sind. Sie erzählen dir von ihrer Sehnsucht danach, mit dir, die du heute auserwählt bist, eine tiefe und innige Verbindung zu erfahren. Mit dieser Verbundenheit kannst du deinen Anteil leisten, die Erde und die Seelen der Menschen mit Reinheit, Klarheit und Ästhetik zu erfüllen. Lausche ihren Worten und höre auf alles, was sie dir sonst noch zu sagen haben.

Aus der Gruppe dieser wunderbaren Wesen löst sich jetzt eine Wesenheit und kommt auf dich zu. Du erkennst ein zartes Feenwesen von überirdischer Schönheit. Es erscheint dir in dieser Welt, in diesem zarten Licht, überirdisch schön.

Es ist die Göttin der Meere.

Sie heißt dich willkommen im Reich der Reinheit, der Schönheit und der Schwerelosigkeit. Ihr Name ist *Elvendarinja*. Du fühlst diesen Namen in deinem Herzzentrum widerhallen. Fühle und schmecke diesen Namen und spüre tiefe Wärme, Liebe und absolutes Verständnis von ihr ausgehen.

Elvendarinja erklärt dir deine Aufgabe als Heilerin oder als Heiler. Sie zeigt dir, dass du dir selbst die Aufgabe erwählt hast, auf dieser Erde ein neues Zeitalter mit zu begründen. Schaue dir genau die Bilder an, die sie dir jetzt zeigt. Es sind Bilder, in denen du selbst die Hauptrolle spielst. Bleibe in dieser Betrachtung so lange, wie es für dich richtig ist.

Um dieser deiner Aufgabe gerecht zu werden, ist es jedoch notwendig, dass du dir selbst, allem und allen alles verzeihst, damit dein Herz rein und klar erstrahlt im Glanz des Lichts, das in dir lebt, das du in Wahrheit bist. In dieser Reinheit kannst du das Licht der Quelle und dein ICH BIN täglich mehr und fester in dir verankern.

Sie fragt dich, ob du jetzt bereit bist, dein Herz zu reinigen und ob du dir selbst und jedem anderen Menschen alles verzeihen willst, was dein Herz und damit den freien Ausdruck deiner urteilsfreien Liebe der Göttin in dir blockiert.

Bitte antworte ihr jetzt!

Sie bittet dich, auch die Aufgestiegenen Meister und Meisterinnen, die Engel, ja, Gott selbst einzubeziehen. Spüre tief in dich hinein. Wo sind deine Verletzungen aufgrund dessen, dass du dich verlassen fühltest von den Engeln, den Meisterinnen und Meistern, der Göttin und Gott selbst. Willst du dich auch diesen, tief in dir ruhenden Verletzungen stellen und sie dann loslassen?

Als sie dein klares Ja vernimmt, bittet sie dich, deine Augen zu schließen. Schließe nun deine Augen und lass dein ganzes Leben an dir vorüberziehen, so, wie sich die Bilder und Situationen dir jetzt, in diesem Augenblick, zeigen.

Betrachte dir all die Menschen, die dich verletzt haben.

Siehe all diese Menschen vor deinem inneren Auge, denen du noch wehmütig, traurig, wütend oder verletzt nachsinnst.

Sie alle erscheinen JETZT vor deinem inneren Auge, während du umfangen bist von *Voreljamas* sanften, liebenden Armen, die dich wiegen im Licht der Mondin, hier auf diesem herrlichen farbigen Korallenriff, das voller Lebendigkeit und Leichtigkeit ist. Lass dich ganz tief in diese liebenden Arme des wundervollen Anemonenwesens sinken und gib dich dir selbst hin.

Fühle deinen neuen Schutzmantel. Betrachte dir alle Menschen, die hier in diesem herrlichen Riff an deinem inneren Auge vorbeiziehen. Siehe noch einmal den Schmerz, den sie dir zugefügt haben. Du musst die Verletzungen nicht noch einmal fühlen. Schaue dir die Begebenheiten nur an.

Betrachte dabei auch dich selbst. Wo warst du in der jeweiligen Situation nicht in deiner Mitte, nicht im Schutz des Lichts in dir?

Wo fehlte dir die zarte, doch bestimmte Abwehrkraft gegen die Nichtliebe, wie sie den Elfen, Feen und Blumen der Meere zu eigen ist. Diese Abwehrkraft gegen die Nichtliebe dient dem Eigenschutz, der Abwehr von Verletzungen durch Nichtliebe. Wo fehlte dir in allen diesen Situationen die Selbstliebe, wo waren deine Abwehrkräfte, wie war es möglich, das Licht in dir zu vergessen?

Und nun, bei jedem einzelnen Menschen, schenkt *Elvendarinja* dir ein ehrliches Bild dieses Menschen. Sie zeigt dir ein Bild, wie sehr dieser Mensch selbst gelitten hat in seinem Leben. Ein Bild, weshalb dieser Mensch so hart werden musste, um dir diese Verletzung zufügen zu können, die dich mitgeprägt hat. Sie zeigt dir alle diese Bilder, damit du aus deinem Herzen als Göttin heraus verstehen lernst und damit von Seele zu Seele verzeihen kannst.

Schaue dir das Bild genau an und fühle, dass dieser Mensch nicht anders handeln konnte, weil er selbst so unendlich verletzt wurde, dass sein Herz verschlossen und hart werden musste. Fühle ganz tief in deinem Herzen, dass dieser Mensch ebenfalls aus mangelnder Abwehrkraft gegen Verletzungen so gehandelt hat, wie du es für dich erfahren hast. Lass dich tief in dir erkennen, dass er diesen inneren Schutz brauchte, weil er noch nicht so weit war wie du durch die Hilfe und Unterstützung, die du hier und jetzt erfährst, bist

Wenn du das erkennst, dann lass dein göttliches Mitgefühl in dir aufsteigen und sprich es laut aus in dem Augenblick, in dem du es fühlen kannst.

Nenne den Namen des jeweiligen Menschen und sprich:

„Ich verzeihe dir! Meine Seele gibt deine Seele frei! Du bist frei von Schuld, weil ich erkenne, dass es Schuld nicht gibt. Es gibt nur Verletztheit und Nichtliebe. Ich entscheide mich für die Liebe. Bitte gib auch du meiner Seele die Freiheit."

Wenn dieses geschehen ist, dann lass diesen Menschen wieder in seine Welt zurückkehren. Von Seele zu Seele kann jeder Mensch jedem anderen verzeihen. Die Seele kennt keinen Hader. Lass dich erfahren, wie jeder Mensch, der hier vor deinem inneren Auge erscheint, dir die spirituelle Freiheit der Unschuld schenkt, so, wie du es hier mit jedem anderen Menschen tust.

Nimm dir für die Reinigung deiner Seele genügend Zeit und Muße. Wenn noch irgendjemand hier anwesend ist, bei dem du noch nicht die Größe des Verzeihens entwickeln kannst, dann lass diesen Menschen gehen in der Gewissheit, dass du es noch ein weiteres Mal tun wirst, und zwar so lange, bis du mit allen Menschen, die je dein Leben begleitet haben, in Frieden bist.

Dann kann die Göttin in dir für alle Zeit strahlen, und du wirst zu einem wunderbaren Mittler zwischen den Welten der Meereswesen und der Erde.

Jetzt bittet *Elvendarinja* dich, dein eigenes Leben noch einmal an deinem inneren Auge vorbeiziehen zu lassen und dir hierbei alle die Menschen anzuschauen, die du verletzt, missachtet, verurteilt hast.

Lass nun auch diese Bilder zu. Siehe dich selbst in Situationen, in denen du einem anderen Menschen – mit Worten, Taten oder Gedanken – absichtsvoll oder absichtslos Schmerz und Verletzung zugefügt hast.

Elvendarinja wird dich jetzt in die Lage versetzen, dieses Verhalten in Heilung zu verwandeln. Erkenne, dass auch du selbst aus Nichtliebe so handeln musstest, weil du es damals nicht anders wusstest und konntest.

Lass wieder jede Situation vor deinem inneren Auge entstehen. Wenn du die Situation klar vor Augen hast, dann lass dich von *Elvendarinja* in der Zeit zurückführen. Lass dich zurückführen in die Zeit vor dieser Begebenheit.

Du hast jetzt die wunderbare Gelegenheit, alles Unrecht zu verändern. Du hast erfahren, dass Menschen handeln, wie sie es tun, wenn sie in der Nichtliebe sind, weil sie es nicht besser wissen. Du weißt es jetzt, darum tue es jetzt. Wiederhole die Situation mit deiner ganzen Vorstellungskraft, indem du dieses Mal im Bewusstsein der Liebe in dir handelst, denkst und sprichst. Führe diesen Ausgleich jetzt durch.

Erkenne auch für dich, dass du damals so handeln musstest, denn wir alle haben Verträge, mit denen wir andere Menschen auf ihren Weg bringen. Wir alle haben Verletzungen, die uns handeln lassen, wie unsere Seele es von ihrem Ursprung her nicht möchte. Daher entstehen

Schuldgefühle. Erkenne, dass auch du in dieser Situation nicht anders reagieren oder agieren konntest, weil eine alte Verletzung dich und dein göttliches Sein blockierte.

Wenn du das erkannt hast, dann schenke dir selbst die Freiheit von Schuld. Erlöse die alten Verfehlungen, indem du hier im herrlichen Riff Mitgefühl und Verständnis für dich selbst entwickelst und dann, in der Vollkommenheit deiner Seele, die Situation noch einmal erlebst und dieses Mal in Liebe handelst.

Betrachte dich jetzt selbst, nachdem alle diese Wesen, die dich verletzt haben und die du verletzt hast, ihre Freiheit erfahren durften. Genieße deine eigene Befreiung.

Fühle weiterhin die warmen Arme der Meeresgöttin, die sich dir als Anemone zeigt, um dich. Lege deine Hände auf dein Herzzentrum. Lass dir von *Elvendarinja* ein Bild zeigen, wer und was du als göttliches Wesen aus der Quelle wirklich bist. Wenn du dieses Bild siehst, dann bestätige mit deinem Blick in *Elvendarinjas* lächelnde Augen laut und deutlich. „ICH (nenne hier deinen Namen), verzeihe mir mit der ganzen Kraft meiner lichtvollen Seele!"

Spüre nun, wie du sanft aus *Voreljamas* Armen emporgehoben wirst. Fühle, wie *Elvendarinja* dich sanft an ihr Herz nimmt.

Aus allen Himmelsrichtungen schweben nun diese

wunderbaren Elfen und Feen der Meere auf dich zu. Sie beglückwünschen dich zu deiner Befreiung, zu deinem spirituellen Wachsen, und heben dich sanft empor. Schau! Sogar die Blumen der Meere erheben sich aus ihrem Grund, um dich auf deinem Weg zu begleiten.

Aus dem Himmel, der sich über dem Meer öffnet, erreicht euch ein warmer, kraftvoller, reinigender und heilender Strahl eines neuen Lichts, das direkt aus der Urquelle zu kommen scheint. Dieser Strahl hüllt euch ein, durchdringt und verbindet euch zu einer wundervollen Einheit.

Von diesem Lichtstrahl wirst du jetzt gemeinsam mit den Blumen, Feen und Elfen der Meere sanft emporgehoben. Höher und höher, hinauf bis direkt in das strahlende Licht hinein.

Sanft landest du auf einem fließenden Boden, den du unter deinen Füßen spürst. Du schaust dich um und erkennst die wahre, überirdische Gestalt deiner Begleiterinnen. Hier, in der Heimat der Elfen und Feen der Meere, erkennst du die engelgleiche Schönheit in allen.

JA, schaue dich um und betrachte dir diese überirdische Schönheit. Dieses ist die Heimat dieser wunderschönen zarten Göttinnen und Götter der Ozeane und der Planeten, die so zerbrechlich wirken und doch so stark sind.

Vor dir erkennst du einen himmlischen Pavillon. Vom

Gesang der Meeresgöttinnen begleitet, schwebst du diesem Pavillon entgegen.

Hier erwartet dich die Göttinnenmutter, um dich in den Status eines Heilers, einer Heilerin der unerlösten Schatten zu erheben und dich mit dem Schutzschild und der Hingabe der Feen, Elfen und Blumen der Meere zu umhüllen.

Betrachte dieses großartige, weibliche Wesen. Die große Schöpfergöttin der Meere, der Planeten, des Universums steht direkt vor dir. Lass dich ganz tief in ihre Energien sinken und spüre dein tiefes Vertrauen, dein tiefes Wiedererkennen. Fühle, wie du mit ihr harmonisch in einen gemeinsamen Atemrhythmus versinkst. Atme den Atem der Meere. Atme den Atem des Universums. Lausche und höre, wie sie dir jetzt ihren Namen nennt.

Diesen Namen kennst nur du. Wenn du sie mit diesem Namen rufst, weiß sie, dass du es bist. Merke ihn dir gut und verschließe ihn fest in deinem Herzen. Dieser Name ist dein ganz persönlicher Schlüssel zu diesen Ebenen und zu ihr.

Sie bittet dich, auf einem wunderschönen Sessel Platz zu nehmen. Du folgst ihrer Bitte. Sie steht vor dir und lässt ihr Licht aus sich selbst heraus erscheinen. Betrachte sie. Nimm wahr, wie das göttliche Licht aus jeder Zelle ihres ätherischen Körpers erstrahlt. Eine strahlende Lichtgestalt steht nun vor dir. Du bist geblendet und fasziniert von dieser Großartigkeit.

Jetzt legt sie ihre gleißenden Lichthände auf dein Kronenchakra und lässt dieses wunderbare, heilende Licht in dich einfließen. Sie überschüttet dein Kronenchakra und deinen Lichtkanal mit dem reinen Licht der Quelle. Atme dieses klärende Licht tief in dich ein.

Fühle, wie es deinen Lichtkanal hinunterfließt.

Lass es in deinem Lichtkanal kreisen, bis dieser ganz erfüllt ist von der neuen Kraft. Dann lass dieses alles überstrahlende Licht sich in deinem Lichtkanal ausdehnen, in deinen Körper hineinfließen und durch jede Pore aus deinem Körper wieder herausströmen.

Bleibe in diesem Zustand und konzentriere das Licht in deinem Herzzentrum. Lass es über deine Arme in deine Hände und aus deinen Fingerspitzen und Handflächen nach außen strömen.

Sammle nun dieses Licht in deinen Fingerspitzen. Lass es dabei zu flüssigem Licht werden. Umschließe deinen Körper mit diesem flüssigen Licht aus deinen Händen und fühle, wie du, geschützt und doch geöffnet, nun ein wahres Licht für die Heilung deiner Selbst und der Erde bist. Mit diesem Licht aus deinen Händen kannst du nun jederzeit diesen Schutz, den die Elfen und Göttinnen dir schenkten, um dich herum aufbauen und alles mit Liebe erfüllen, was deinen Weg berührt.

Die große Meeresgöttin tritt nun einen Schritt zurück. Sie schaut dir tief in die Augen und bittet dich, ihr deine Fragen zu stellen, die dich und dein Leben betreffen. Nimm dir dazu nun ein wenig Zeit und lausche ihren Antworten.

Nun spricht sie zu dir. Sie sagt dir, dass du dich noch einmal an die Aufgabe erinnern sollst, die du dort unten gestellt bekamst. Ein Anliegen ist noch zu erledigen. Fühle jetzt noch einmal ganz tief in dich hinein. Wie stehst du in Wahrheit zu den Engeln, den Meisterinnen und Meistern, zur Göttin und zu Gott? Erinnere dich hier und jetzt, wo und wann du mit ihnen oder einem von ihnen gehadert hast. Wann hast du dich verlassen gefühlt? Wann hast du es als ungerecht empfunden, auf der Erde sein zu müssen, ohne dass irgendjemand von diesen Wesen scheinbar zu dir kam, um dir beizustehen?
Und wenn du dich erinnerst, dann rufe dieses Wesen oder diese Wesen jetzt hierher zu dir und frage sie, warum sie dir vermeintlich nicht geholfen haben. Sie werden dir erscheinen und ein offenes Herz und Ohr für deine Fragen und Erklärungen haben.

Erkläre ihnen in deinen eigenen Worten, wie sehr du dich verlassen gefühlt hast. Und wenn du in irgendeiner Weise zornig, traurig oder verletzt warst oder tief in dir noch bist, dann sage es ihnen. Sie werden dir erklären, was ihr vermeintliches Nichteingreifen in deinem Sein bewirkt hat.

Mache hier und heute reinen Tisch mit Gott, mit den Engeln und den Meisterinnen und Meistern. Mache dir ganz bewusst, wie wichtig es für deinen Weg ist, ehrlich zu dir selbst zu sein und dich von allen diesen, in dir schlummernden Belastungen zu befreien. Nimm dir die Zeit. Jetzt. Und wenn es dich erschreckt, dass tatsächlich tief in dir solche Gefühle wohnen, dann lass dich auf die Erfahrung ein, dass diese lichtvollen Wesen voller urteilsfreier Liebe zu dir und zur ganzen Schöpfung sind.

Schließe hier und jetzt Frieden mit den höheren Dimensionen, damit das Licht klar und rein durch dich fließen und nach außen strömen kann. Nimm dir alle Zeit, die du benötigst. Erfahre die Anerkennung für deinen Mut, dich zu öffnen und dich endgültig von allem zu befreien, was deinen spirituellen Fortschritt behindert.

Nun ist es Zeit, zurückzukehren. Die Feen und Elfen der Weltenmeere nehmen dich wieder in ihre Mitte. Du nimmst Abschied von dieser Dimension in der tiefen Gewissheit, dass du jederzeit hierher zurückkehren kannst, wenn du Kraft, Wärme, Stärke und Wissen benötigst, das dir selbst und deine ganze Umgebung zu neuem Licht verhelfen kann. Du brauchst nur deinen Namen, den die Meeresgöttin dir gab, in den Sternenhimmel zu flüstern.

Fühle die Freiheit tief in dir. Fühle die Befreiung. Atme das Licht der Quelle tief in dich ein und nimm Abschied von diesem wundervollen Ort der Liebe.

Jetzt bist du wieder inmitten deiner leichten Begleiterinnen inmitten des Ozeans an deinem Korallenriff angekommen. *Shareiam* begrüßt dich mit wissendem und anerkennendem Lächeln. Fühle die Befreiung und die neuen Freundschaften tief in dir. Alles ist gut. Alles in dir ist in Frieden. Du bist Frieden auf allen Ebenen deines Seins.

Du tanzt im Rhythmus der Ozeane mit deinen neuen zarten, kraftvollen Freunden einen Tanz der Weiblichkeit und der Freude. Ein neuer, tiefer Friede ist nun dauerhaft in dir verankert. Du weißt: Du musst nur hierher zurückkehren, wenn dieser Friede dich im Alltag verlässt, und du kannst ihn zu jeder Zeit in dir neu integrieren.

Wiege deinen Körper mit den Wellen und stimme ein in den Gesang der Blumen des Ozeans.

Shareiam kommt auf dich zu und bittet dich, für den Augenblick Abschied zu nehmen.

Du sagst „Bis bald!" und schwingst dich wieder auf ihren Rücken.

Von lächelnden Wesen umringt, gleitet ihr sanft durch den Ozean. Hier im Wasser des Ozeans lässt du noch einmal alles an dir vorüberziehen, was du soeben erlebt hast.

Die Göttinnen der Meere nehmen euch beide sanft in ihre Mitte. Sie verankern dein neues Wissen und deine neue Heilkraft tief in dir, indem sie dich noch einmal mit dem wundervollen Licht der Liebe überfluten.

Nun trägt dich *Shareiam* liebevoll und sanft ans Ufer zurück. Verabschiede dich und siehe etwas weiter entfernt die Elfen und Feen der Meere dir zuwinken, während sie sich nun zurückziehen, um sich wieder ihren eigenen Aufgaben zu widmen.

Wenn du so weit bist, kehre sanft in deine Umgebung zurück. Fühle die neue Kraft in dir. Vergebung, Mitgefühl, Schutz, Frieden und Liebe. Nimm dir sofort deinen Stift und schreibe alle Erfahrungen nieder, die jetzt noch frisch sind.

Dein neues Sein als Lichtwirker, Lichtträger, Lichtbringer

Ich bin sicher, du hattest eine wunderschöne Einweihungserfahrung. Arbeite gut mit dieser neuen Kraft, die dich tief zu der Göttin in dir selbst bringen kann. Du bist nun wahrhaftig frei von jeglicher Schuld und Schuldzuweisung und hast dauerhaften Frieden mit dir und den Engel- und Meisterebenen gefunden. Festige diese Erfahrung in dir, dann kann deine nächste Einweihung zu einem wahren Segen für dich und dein Umfeld werden.

Vor allem in Situationen, in denen du aus deiner Mitte gerätst, erinnere dich an deinen Schutzmantel. Trage ihn, und du wirst Nichtliebe als das erkennen, was sie in Wahrheit ist. Im Schutz dieses Mantels bist du gegen Nichtliebe immun und wirst auch nicht mehr aus diesem Zustand heraus handeln. Nutze immer wieder die Möglichkeit, diese Meditation für dich zu wiederholen, und sie wird sich mehr und mehr in dir festigen.

In unserer Zeit ist es wichtig, dass wir als Lichtwirker das Licht des Lichts in uns verstärken und es still und sanft durch unser Sein ins Außen wirken lassen. So wirst du zum vollkommenen Lichtbringer in deinem eigenen Leben, in deinem Umfeld und auf Erden.

Fülle jeden Morgen deinen Lichtkanal auf und lass dein Licht aus allen deinen Poren ausströmen. Verankere es dann mit einer symbolischen Geste, die du dir selbst erwählst. So kann dich nichts mehr in deine alten Verletzungen zurückbringen.

Wenn es trotzdem geschieht, dann erkenne deine jetzige Aufgabe, diesen Spiegel zu reinigen, indem du anerkennst, dass diese Aufgabe JETZT in vollkommener Göttlichkeit geheilt wird.

Ich wünsche dir als weiteren Schritt zu deiner letzten Einweihung im Kristallpalast eine wunderbare Integrationsphase.

Alles Liebe,
Eva-Maria

Teil 4

Erzengel der Meere
Walermächtigung

Eva-Maria Ammon und Shareiam

Vorbereitung auf deine Einweihung in die Walermächtigung

Herzlich willkommen zu deiner dritten Ermächtigung in die Energie des Spirits der Walwesenheiten.

Ich wünsche dir von ganzem Herzen, dass du deine ersten beiden Einweihungen für dich und deinen Weg gut und tief integriert hast und in der Zeit seit eurer ersten Begegnung einen innigen Kontakt zu der wunderbaren Siriusenergie der Delfinwesen, zu *Shareiam* und *Machalachacharian* knüpfen konntest . Sicherlich wurden dir wertvolle Hinweise gegeben, wie du für dich dein Leben bereichern kannst, wenn du dich wieder in diese Energien begibst.

Hier nun erwartet dichdie Fortsetzung deiner Reise, und damit eine weitere Erhöhung deiner Energie.

Diese wunderbare und doch so kraftvolle Einweihung hebt deine Energie auf die höhere Ebene der Erzengel der Meere. Sind die Energien der Delfine sanft und heilsam, die Energie der Feen und Elfen beschwingt, schützend und liebevoll, so ist die Energie der Wale geprägt von Kraft, Klarheit, Weisheit, Selbsterkenntnis und Gelassenheit durch das Erfahren ihrer eigenen inneren Stärke. Die Wale ruhen tief auf dem Grund ihrer Seele, mit der sie zu allen Zeiten fest verbunden waren und sind.

Die Walwesen unseres Planeten haben ihre Heimat in diesem Universum im lichtvollen System des Sirius. Sie befinden sich hier auf der Erde als Hüter und Beschützer der Frequenzen, um Mutter Erde in ihrer Aufgabe des Aufstiegs ihrer Seele zu unterstützen und die Systeme der Erde mit denen der Quelle, des Sirius, der Venus und den Aufstiegsebenen wieder zu vereinen.

Sie sind direkt beteiligt am Aufbau und an der Erhaltung der Gitternetze des Lichts, indem sie diese fest auf dem Grund der Ozeane verankern. Hierzu wirst du in der vierten und letzten Einweihung mehr erfahren dürfen.

Botschaft von Lady Myriam Maria, Mutter von Jeshua

Die Erzengel der Meere – Die Wale

Ihr nennt sie die Engel der Meere, der Ozeane. Und das sind sie wahrhaftig. Überall sind sie zu Hause: in den Flüssen, Meeren und Ozeanen. Allerorts halten sie seit unendlich langer Zeit das Gleichgewicht der Frequenzen. Sie halten das Gleichgewicht der Energien zwischen den Wassern und der festen Erde, zwischen Gaia, dem Universum und der Quelle.

Ihre unglaubliche Vielfalt an Sprachen, Dialekten und Tönen zeichnen sie aus als das, was sie sind: universelle

Wesenheiten, verbunden mit dem Netz und dem Tanz der Planeten, verbunden mit dem Netz der Universen, die ineinander übergehen und fließen.

Das ist ihr Auftrag, denn sie kamen gemeinsam mit der Entstehung von Lemuria. Sie kamen gemeinsam mit uns. Sie wurden gefragt, ob sie dabei sein wollen, und sie wollten. Sie waren und sind unsere Stimmen in der Kommunikation Gaias und in den Welten der Gewässer.

Sie kamen von vielen Planeten über das System des Sirius auf diese Erde. Sie integrierten sich sanft und langsam in die Gewässer Gaias, in vollkommener Harmonie und Übereinstimmung mit Gaia selbst. Sie sahen es immer als ihren Auftrag an und tun es bis heute, mit Hilfe ihrer Gesänge und ihrer anderen außergewöhnlichen Eigenschaften, für das Gleichgewicht innerhalb der Gewässer zu sorgen. Kein Einziger von ihnen wird geboren, um anderen oder Gaia zu schaden. Sie achten innerhalb ihrer Familien auf vollständige Harmonie.

Wo immer sie auftauchen, verbreiten sie die große universelle Liebe der Schöpfergöttin. Sie teilen über ihr Sein die Zustände und Veränderungen der Gewässer mit, denn alle diese wunderbaren und unendlichen Gewässer sind ein sehr wichtiger Teil Gaias. Wale und Delfine können nur im vollkommenen Einklang mit der gesamten Schöpfung ihre hohen Schwingungen hier auf dieser Erde aufrechterhalten.

Zu den Zeiten, als Lemuria das Zauberreich auf dieser Erde war, war es für uns selbstverständlich, uns mit den Engeln der Meere zu verbinden. Auf diese Weise erhielten wir die notwendigen Informationen über die Gewässer, die Erdbeschaffenheit am Boden der Gewässer, die Ruhe oder Unruhe innerhalb der Gewässer und den tiefer liegenden Bewegungen, die durch Landbewohner nicht wahrnehmbar sind.

Das feine Netz ihrer Gesänge, Töne, Dialekte und Klänge verband und verbindet sie alle in Frequenzen, die dem menschlichen Gehör (noch) nicht zugänglich sind. So senden sie mit ihren Gesängen die Informationen der Wasserwelten in die anderen Sphären.

Feinfühlige und sensitive Menschen sind eng mit den feinen Frequenzen der Wale und Delfine verbunden. So reagieren diese Menschen auch dann, wenn sie weit von dem Ort des Geschehens entfernt sind, auf die fröhlichen, aber auch auf die traurigen Impulse.

In dieser wunderbaren Zeit der Veränderung, der Heilung durch Gaia, und der Veränderungen, denen Gaia selbst unterliegt, bewegen diese wunderbaren Geschöpfe sich in Bereichen, in denen sie seit Beginn der Menschheit die Verschiebung der Frequenzen ausbalancieren. Sie harmonisieren diese für die ganze Schöpfung.

Die großen Wale bewegen sich wie energetische

Stütz- und Angelpunkte durch die Ozeane. Allein ihre unendlich ruhige und harmonische Ausstrahlung bewirkt in allen energetisch unruhigen Bereichen eine Stabilisierung. Sie nehmen und lenken die fließenden Energien in eine für Gaia harmonische Richtung und sorgen für die richtige Dosierung der Weiterleitung der Frequenzen. Sie sind wie ein Fels in der Brandung. Sie halten und steuern in ihrer unendlichen Ruhe und Weisheit das Gleichgewicht der Energien.

Wenn du dich energetisch mit ihnen verbindest, wirst du sie an ihren Plätzen in den Ozeanen finden. Und wenn es für dich und für sie gut und richtig ist, werden sie dich einladen in ihr Sein. Dann werden sie dich schulen in die Weisheit des Universums. Sie können dir Orte zeigen in ihrer Welt, die noch nie ein menschliches Auge gesehen hat, und sie können für dich die Hologramme zusammenfügen, damit du die Geschichte dieser Orte sehen und erspüren kannst.

Wale und Delfine sind zutiefst verbunden mit der Bibliothek, die Gaia selbst ist. So haben sie in dieser Zeit vieles zu tun, denn sie lösen die alten, negativen Speicherungen auf, die Gaia an ihren Veränderungen hindern und diese blockieren könnten.

Die wunderbaren Wale ziehen das Netz aus Licht und Farben bis in die tiefsten Tiefen der Ozeane. Dort verankern sie es in vollständiger Harmonie mit Allem-was-ist.

Auch die kleineren Walarten sind eng verbunden mit den Bereichen, in denen sie leben. Sie können dir alles über die Geschichte des Wasser und des Landes erzählen, mit dem sie jeweils verbunden sind.

Hin und wieder sind die Wale längere Zeit an der Oberfläche und geben ihren wunderbaren Gesang in die Weiten des Universums. Ihre Töne haben eine ungewöhnliche Frequenz für den Menschen. Könntest du die Farben zu diesen Tönen sehen, würdest du staunen über ihre Schönheit, Klarheit und Reinheit.

So sind die großen Erzengel der Ozeane energetisch eng verbunden mit ihren Geschwistern, den Delfinen, den Engeln der Meere.

Die Delfine verkörpern neben ihrer Weisheit, Schnelligkeit und unendlichen Liebe die Leichtigkeit, die Freude am Sein, den göttlichen Humor und die Toleranz.

Sie interessieren sich sehr für alle anderen Lebensformen auf diesem Planeten und übermitteln ihre Erfahrungen und Nachrichten an die gesamte Wasserwelt. Das tun sie mit einer für Menschen unfassbaren Geschwindigkeit. Macht ein Delfin irgendwo eine bestimmte Erfahrung, wird er diese über das Netz, das alle Delfine und Wale verbindet, unmittelbar weitergeben.

Stelle es dir vor wie bei einer Livesendung, die du im

Fernsehen anschaust. Dank der unbeschränkten Auffassungsgabe der Wale und Delfine können diese Erfahrungen, diese Sendungen, direkt aufgenommen, gefiltert und umgesetzt werden. Sie sind ständig verbunden mit den Kräften des Lichts und den heiligen Orten auf anderen Planeten und in anderen Dimensionen.

Diese wunderbare Einweihung, auf die einzulassen du dich entschlossen hast, wird dich intensiv mit diesen Geschöpfen der großen Schöpfergöttin verbinden. Sie wird dir die Möglichkeit geben, mit ihnen zu träumen, von ihnen zu lernen, in dir selbst ganz und heil zu werden und zu wachsen.

Ich wünsche dir unendlich viel Freude und Liebe. Die Kräfte des Lichts werden bei dir sein.

Ich bin Lady Myriam Maria. Ich bin die Aufgestiegene Meisterin, die vor langer Zeit inkarniert war als Mutter des Jeshua von Nazareth.

Gechannelt von Petra Aiana Freese

Die spirituelle Energie der Wale

© Raphaelle Wavrant - Fotolia.com

Du bist nun tief vertraut und verbunden mit der Energie der Delfinwesen und den Feen der Meere. Sicherlich bist du dir selbst sehr viel nähergekommen in dieser Zeit. Vielleicht hast du ein wenig von der Leichtigkeit der Delfine in dein Leben integrieren können.

Wenn du die Delfinenergie als sanft, liebevoll, charmant und verspielt empfunden hast, dann kannst du sicherlich alle diese wunderbaren Energien auch in dir selbst wiederfinden. Du kannst fröhlich und frei dein Leben gestalten und so ein Magnet für die Liebe auf Erden sein.

Orcas und alle anderen Wale verkörpern eine etwas andere, eine tiefere, beständigere Energie von Kraft, Stärke, Durchsetzungskraft und Spiritualität. Unverständlich ist für mich der Begriff Killerwal für den Orca, den Hüter der Schutzbedürftigen. Noch nie hat ein Orca einen Menschen angegriffen, nicht einmal in Gefangenschaft. Bisher war es zumindest so. Doch mittlerweile beginnen die Orcas, sich zu verteidigen. Sie zeigen ihren Trainern immer wieder einmal, wer der Stärkere ist. Doch ernsthaft verletzt haben sie noch nie einen Menschen, soweit mir bekannt ist.

Die Größe und die Kraft dieser wundervollen Wesen ermöglichen es ihnen mit Leichtigkeit, sich zu wehren, doch sie tun es nicht, weil sie Gaia dienen und ihre spirituelle Anbindung sie daran hindert. Doch viele Wale vegetieren in Gefangenschaft vor sich hin. Sie hungern bis zur nächsten Show und sterben einen viel zu frühen Tod. Dieser ist dann zumeist für sie eine tiefe Erlösung, denn ihre Seele ist endlich wieder frei.

Der Orca ist ein wundervolles, hoch spirituelles Wesen, so, wie alle Wale in unseren Ozeanen. Der Orca jedoch ist tatsächlich ein besonderes Wesen. Er wacht nicht nur über das Leben in den Ozeanen, sondern ganz besonders über den Atem und die Chakren von Mutter Erde selbst. Die großen Wale halten die Frequenzen der Quelle in ganz besonderem Maß. Sie lenken und leiten die Quellenergien direkt in die Kraftzentren von Gaia und sind Beschützer der Kraftplätze der Erde. Dieses tun sie, indem sie über die Erde verteilt in den Ozeanen an diesen Stellen das Licht und kraftvolle Symbole verankern, die die Energien stabil halten.

Sie sind maßgeblich daran beteiligt, dass aus der Erde wieder der lichtvolle Ort werden konnte, der sie heute, nach langen Jahrtausenden der Dunkelheit, wieder ist. Diese Energien sind stabil. Daher kann die Erde auch weiterhin noch lichtvoller werden und ihrem Quantensprung entgegengehen. Wale und Delfine läuten die neue Zeit des Lichts auf Erden ein, indem sie dem Quantensprung den Weg bereitet haben.

Senden wir ein großes „Danke" an die prachtvollen Meeresriesen, die so sanft sind, wie ihre physische und spirituelle Größe es ihnen gebietet. Wenn wir betrachten, wie majestätisch und doch leicht ja, fast spielerisch – die riesigen Wale die Ozeane durchqueren, können wir tief in uns selbst erkennen, warum diese wunderbaren Wesen eine ganz besondere Anziehung auf viele Menschen ausüben.

Diese Anziehung resultiert aus uralten, tiefen Erinnerungen an Welten, in denen auch wir uns so unbeschwert bewegten und voller Leichtigkeit und Sorglosigkeit unser Dasein genossen. In diesen Welten haben wir uns einst entschlossen, diese Erde zu besiedeln und sie auf ihrem Weg in die Freiheit zurückzubegleiten, die ihr gehört. Wir wollten jedoch auch in der Schönheit der Schwere dieser physischen Welt unsere Leichtigkeit neu finden und wieder erfahren lernen, wie wir es vor der großen Explosion lebten. Diese Leichtigkeit und Freude ist die Rückfahrkarte in unsere Heimatdimension, in die die Erde eingebettet sein wird.

Diese Leichtigkeit, die auch Mutter Erde gerade jetzt in sich selbst wiederfindet, können Delfine und Wale für uns Menschen erfahrbar machen. Mit diesen wundervollen Freunden, die sich für das Leben in den Ozeanen auf unserer Erde entschieden haben, auch um uns immer wieder an unsere eigene wahre Größe, Stärke und Kraft zu erinnern, verbindet sehr viele Menschen eine tiefe Zuneigung.

Die innere Größe der Wale können wir besonders daran erkennen, wenn wir die Art betrachten, wie sie leben. Wale sind nicht einfach nur Meeressäuger, die dem Menschen als Nahrungsquelle, Lebertran- oder Kosmetikalieferanten usw. dienen. Wale leben in solch engen familiären Beziehungen und innigen Freundschaften, wie reife, spirituelle Menschen sich diese oft noch ersehnen. Sie lieben ihren Partner und sind diesem treu bis in den Tod. Sie trauern um den Verlust des Partners, wie Menschen es tun. Vielleicht sogar noch mehr, denn sie sind weitaus wissender und einsamer hier auf der Erde als die meisten Menschen.

Gleichzeitig sind sie liebende, fürsorgliche, wunderbare Eltern, Onkel und Tanten. Immer ist ein Walbaby von erwachsenen Walen umgeben, die es schützen und liebevoll in das Erwachsensein lenken und begleiten. Sie sind bessere Freunde, als die meisten Menschen dieses für sich in Anspruch nehmen können. Sie geben eher ihr eigenes Leben, als einen anderen Wal schutzlos zurückzulassen, wenn dieser schwach oder verletzt ist.

Doch ihre spirituelle Größe ist vor allem daran erkennbar, dass sie bei all dem Unglück, das durch des Menschen Hand über die Wale gekommen ist und immer noch kommt, voller Frieden bleiben. Sie ziehen auch weiterhin unbeirrt ihre festgelegten Bahnen durch die Ozeane, um die Frequenzen zu halten, die die Erde für ihr Wachstum braucht. Das tun sie in ihrem höheren, selbst erwählten Dienst zum Wohle Gaias und der Menschheit, trotz des Missbrauchs ihrer Verwandten durch Menschenhand. Sie ziehen ihre Bahnen, um das Licht der Quelle in allen Meeren rund um unseren Globus zu verankern und die Verbindung zur Quelle zu schützen.

Der Wal steht in unserem Einweihungszyklus für Kraft, Schönheit, Eleganz, Urteilsfreiheit, Selbstliebe, Mitgefühl, Nächstenliebe, Gemeinschaftsgeist, Durchsetzungsvermögen, Weisheit, Treue, vor allem zu sich selbst, und Klarheit.

Um selbst zu dieser Klarheit und Weisheit zu gelangen, ist es für alle Menschen wichtig, auf die richtige Weise hören zu lernen. Denn ihre Worte, Töne und Klänge findest du tief in deinem Inneren.

Wale verfügen über ein sehr breit gefächertes Kommunikationssystem. So sind sie jederzeit in der Lage, auch die Dialekte anderer Walarten, Robben, Menschen und Delfinarten zu verstehen, um so mit ihren „Nachbarn" in Kontakt zu treten. Ihr feines System ermöglicht es ihnen, den Ruf eines anderen Wals am anderen Ende der Erde zu hören. Das aufnehmende Medium des Wassers transportiert sofort alle Informationen rund um die Erde. So sind Wale in Not immer gleich von Artgenossen umgeben, die ihnen zu Hilfe eilen.

Lausche auch du den Gesängen der Wale in einer Meditation, und du wirst dich ganz tief auf ihre Energie einlassen und dich mit ihnen verbinden können, wenn du es möchtest. So gilt es, dein inneres Gehör zu entwickeln, um mit diesen neuen Fähigkeiten in die Dimensionen der heiligen Klänge aufzusteigen.

Der spirituelle Klang der Verbundenheit

© Raphaelle Wavrant - Fotolia.com

Dich über deinen Atem mit den Walen zu verbinden, kann dich tief in die Ebenen deiner inneren, spirituellen Klänge bringen. Diese Atmung kann dich lehren, die Sprache deiner Seele zu erinnern, sie zu erkennen, in dein Leben zurückzubringen und fest darin zu integrieren.

Nimm dir für die folgende Übung mindestens fünf bis zehn Minuten Zeit. Wenn du in Übung bist, dann sind fünf Minuten völlig ausreichend.

Lege dir eine CD mit Walstimmen ein, wenn du magst. Setze dich an einen ruhigen Ort, schließe die Augen und lausche den Klängen.

Atme tief durch deinen leicht geöffneten Mund den Atem des Lebens, aus der Quelle selbst, ein. Sammle diesen Atem an der tiefsten Stelle deiner Lungen, halte ihn für kurze Zeit an und senke ihn dann hinunter, tief in dein Sakralchakra. Stelle dir vor, dass du in dieser Zeit kopfüber tief in den Ozean abtauchst. Beobachte dabei, was du siehst. Schön ist es, wenn du neben dir Wale erkennen kannst, die den gleichen Weg nehmen wie du. Lausche tief in dich hinein und versuche, deinen eigenen, inneren Klang zu erfahren.

Während du jetzt auftauchst, lass den Atem deinen Lichtkanal emporsteigen, hoch hinauf in dein Kronenchakra. Während du beim Auftauchen aus dem Wasser sanft und kraftvoll die Oberfläche durchbrichst, lass deinen Atem über dein Kronenchakra in dein Tempelchakra einfließen und von dort aus sanft in das Universum entströmen. Nimm wahr, wie dein Atem zur Quelle zurückkehrt und mit ihr eins wird.

Atme nun wieder durch deinen leicht geöffneten Mund ein und wiederhole diesen Vorgang so lange, bis du fühlst, dass du dich mit den Walen, dem Meer und ihrer Energie verbunden fühlst und dein Körper voll Sauerstoff und Energie ist.

Wenn du diese Atemtechnik beherrscht, dann versuche sie doch einmal in einem Schwimmbad oder in der Badewanne (natürlich ohne Schaumbad), während du at-

mest, mit einem Wal gemeinsam zu atmen und dabei auf-
und abzutauchen.

Einatmen – untertauchen – und bei Auftauchen über
dein Kronenchakra den Atem wieder sanft in das Universum entlassen. In einem Schwimmbad kannst du hierbei
sehr gut üben, den Klang des Wassers und die Töne, die
sich von außen im Wasser reflektieren, wahrzunehmen.

Wenn dir die Idee, vollkommen untergetaucht zu sein,
unangenehm ist, kannst du dich alternativ in deine Bade-
wanne legen und während des Atmens deine Nase her-
ausschauen lassen.

Vorbereitung zur Einstimmung auf die Walenergie

Diese Meditation ist, wie du bereits weißt, sehr effektiv kurz vor dem Einschlafen, oder wenn du dich unruhig fühlst.

Du stehst am Ufer des Ozeans, den du bereits aus deiner letzten Reise in das Reich der Delfine kennst. Deine Füße fühlen den weichen Sand und deine Zehen spielen mit den Sandkörnern. Ja, lass in deiner Vorstellung deine Füße mit dem Sand spielen und genieße die sanfte Massage deiner Fußsohlen.

Langsam versinkt die Sonne im Meer, das nun einen silbernen Glanz verströmt. Du atmest die klare, frische Meeresluft ein und erinnerst dich an deinen ersten Besuch, an deine erste Begegnung mit *Machalachacharian*.

Leise setzt du dich in den warmen, weichen Sand und spürst einen alt vertrauten, tiefen Frieden, der ganz zu deiner inneren Wahrheit wird. Bewege deinen Körper mit dem Schaukeln der Wellen. Du bist fasziniert von der sanften Bewegung der Wellen, mit denen dein Körper langsam in Einklang kommt.

In der Ferne erfasst du eine leichte Bewegung und bemerkst, dass etwas oder jemand auf dich zukommt. Du summst dein inneres Lied und hörst ein leises Echo in deinem Inneren, das dich darauf einstimmen will, deiner eigenen Seele zu begegnen. Gebannt und voller Erwartung schaust du auf das silbern glänzende Wasser, als unerwartet ein alter Freund vor dir an der Oberfläche des Ozeans auftaucht. Es ist *Vördinjasal*, der dich jetzt lächelnd begrüßt.

Du erhebst dich und gehst ihm leichtfüßig entgegen. Zwei atmende Wesen, in unterschiedlichen Elementen zu Hause. Er betrachtet dich voller Liebe, die direkt aus dem Bereich deiner Seelenheimat zu kommen scheint. Du fühlst dich warm und geborgen in diesem Blick.

Begrüße *Vördinjasal* wie einen alten Freund, der er ja nun bereits für dich ist. Erzähle ihm von deinen Erfahrungen, die du seit eurer ersten Begegnung für dich gemacht hast. Stelle ihm die Fragen, die dir jetzt am Herzen liegen.

Nimm dir hierfür alle Zeit, die du brauchst, und lausche den Antworten, die er dir gibt.

Nun verabschiedet sich *Vördinjasal* von dir. Streichele zum Abschied noch einmal über seine Wangen und setze dich wieder in den weichen Sand. Der Mond scheint nun auf das ruhige Meer. Diese Ruhe nimmst du mit in deinen Alltag oder in deinen Schlaf.

Einweihung in deine Walermächtigung

Nach Hause kommen –
Endlich angekommen sein

Bevor du dich zur Meditation hinsetzt oder -legst, bereite deinen Raum wieder liebevoll vor. Lege dir Schreibblock und Stift zurecht, damit du am Ende sofort deine Erfahrungen niederschreiben kannst.

Als Vorbereitung empfehle ich dir, das Kristallpalast-Bad zu nutzen. Hier kannst du bereits wunderbar die vorbereitende Meditation erfahren. Nutze auch, wenn du magst, das Kristallpalast-Spray, um die Energie für die Präsenz der hohen Wesenheiten des Sirius-Systems vorzubereiten.

Schließe deine Augen und entspanne deinen Geist. Du liegst jetzt wieder ganz entspannt am Rand des großen, wundervollen Ozeans. Eine ruhige Mondin scheint friedvoll auf die Erde und auf deinen Körper. Die Mondin lässt den Ozean wie flüssiges Silber glänzen. Sie beleuchtet sanft dein Gesicht und lächelt freudig auf dich hinab.

Du drehst dich auf deinen Bauch, stützt dein Gesicht in deine Hände und schaust versonnen in das ruhige Wasser, das einladend und still vor dir liegt. Nur die Wellen schlagen leise ans Ufer. Sie singen ihr Lied von den Weiten der Meere.

Du lauschst dem leisen Lied der Wellen und erinnerst dich deiner letzten Reisen, die du in das Reich von *Shareiam* und in das Reich der Elfen und Feen der Meere unternommen hast. Alles ist dir so vertraut, dass du dich eins fühlst mit all diesen wunderbaren Wesen, die dir bis hierher begegnet sind. Ein leises Sehnen durchzieht dein Herz in der Erinnerung all deiner wundervollen Gefühle nach Angenommen- und Angekommensein, die du in dem wundervollen Lichtschiff bei den Meistern, Engeln und im Licht der Quelle erfahren durftest.

Das Meer scheint dich leise zu rufen. Du hörst es wispern. Du weißt, es ruft dich wirklich. Du spürst ein starkes Verlangen in dir, in das stille Wasser zu gleiten. So bewegst du dich langsam, wie eine Robbe auf dem Bauch gleitend, dem Ozean entgegen.

Deine Fingerspitzen berühren das Wasser, das sanft liebkosend über deine Hände rollt. Das Wasser ist seidenweich und samtig warm. Beinahe scheint es so, als würde der Ozean dich wie liebende Arme zu sich heranziehen und dich sanft umfangen. Du fühlst, wie du sanft gezogen wirst und nun frei auf den Wellen schwebst.

Ein prachtvoller weißer Wal taucht anmutig vor dir auf. Betrachte ihn dir und genieße die Verbundenheit, die von ihm zu dir ausstrahlt. Er lächelt dir liebevoll zu. Du spürst eine ganz neue Vertrautheit, möchtest ihn berühren und seine glatte Haut unter deinen Fingerspitzen fühlen. Er begrüßt dich und nennt dir seinen Namen. Höre genau hin und merke dir diesen Namen gut.

Der weiße Wal lädt dich ein, mit ihm in das samtige Nass hinabzutauchen, um die Schwerelosigkeit zu erfahren, die seine Heimat auf dieser wundervollen Erde ist.

Und während du dich entschließt, einen kleinen Ausflug mit diesem wunderbaren, exotischen, samtartigen Wesen anzutreten, beginnst du deine Walverbindungsatmung.

So gleitet ihr nebeneinander her. Du atmest den Atem der Quelle, tauchst hinab wie ein Wal, voller Frieden, durch den nächtlichen Ozean und hörst immer deutlicher die Klänge des Meeres. Genieße dieses Gefühl zu wissen, dass du völlig frei und schwerelos neben einem prachtvollen weißen Wal deine Runden durch den Ozean ziehst.

Delfinfamilien schwimmen friedlich in der Ferne. Sie kommen auf dich zu, und du erkennst, dass ihnen eine große Familie Wale folgt. Du schmiegst dich eng an deinen weißen Freund und erwartest voller Vorfreude die Familien, die dir mittlerweile so sehr vertraut sind.

Die Delfine schließen jetzt einen Kreis um euch beide. Die Wale bilden einen zweiten Kreis um die Delfine. Sie stimmen einen wundervollen Gesang an, und ihr blickt vereint zum Nachthimmel empor. Schwinge dich ein in den Gesang und erkenne wieder dein ganz eigenes Lied der Meere tief in dir. Lass es nun über deine Lippen fließen und sich harmonisch mit dem Gesang der Delfine und Wale vereinen.

Wiege dich im Klang des universellen Lieds, das euch vereint. Lass den Rhythmus durch dein ganzes Sein fließen. Komme in Einklang mit der Bewegung der Wale und der Delfine, die dich willkommen heißen und einen Wall aus Freude, Kraft, Schutz, Liebe und Leichtigkeit um dich herum bilden.

Du erkennst, dass sich über dir der Himmel öffnet. Dein altbekanntes Lichtschiff erscheint strahlend am Nachthimmel. Ein klares, warmes Licht strömt dir entgegen, während eine vertraute männliche Gestalt zu dir herabschwebt. Es ist *Machalachacharian*.

Er nimmt dich warm und freudig in seine Arme. Du

fühlst wieder die Vertrautheit, die innige Verbundenheit der Lichtwesen, fühlst dich wieder völlig geborgen, willkommen geheißen und angenommen. Fühle die tiefe Freude in dir über das Wiedersehen. Gemeinsam schwebt ihr wieder den tragenden Lichtstrahl empor, höher und immer höher hinauf, bis hinein in das wunderbare Lichtschiff, das dir bereits so sehr vertraut ist.

Schaue dich um und betrachte dir alles ganz genau. Vielleicht nimmst du Dinge wahr, die du seit deinem letzten Besuch vergessen hast.

Eine Tür öffnet sich und heraus tritt *Shareiam*.

Sie kommt dir, voller Freude, dich wiederzusehen, lächelnd und mit weit geöffneten Armen entgegen und empfängt dich warm und liebevoll hier in diesen Energien der Liebe und Kraft. Schmiege dich in ihre Arme und genieße die Wärme eurer tief vertrauten Begegnung.

Shareiam fordert dich auf, dein Ohr an ihr Herz zu legen und dem Klang des Universums in ihrem Herzen zu lauschen. Du legst dein Ohr auf ihr Herz und horchst…

Lausche auf ihren Herzschlag. Lausche auf die Botschaften, die nun aus dem kosmischen Herzen durch dein Ohr dein Bewusstsein erreichen und merke dir gut, was du vernimmst.

Shareiam begleitet dich zu deinem Sessel und stellt sich an deine Seite. Du schließt deine Augen. Du spürst, wie du emporgehoben wirst. Ihr verlasst die Erde. Das herrliche Raumschiff summt leise seine harmonische Melodie, und ihr durchfliegt das Universum.

Schaue durch die Fenster, betrachte dir die Sterne und Planeten, die an dir vorüberrauschen. Und, jetzt, weit in der Ferne, erkennst du einen Planeten, der deine ganze Aufmerksamkeit auf sich zieht. Du spürst ein warmes Erinnern in deiner Seele, während der Planet immer näherkommt. Schon erkennst du die Umrisse der Landschaft vor dir. Und je näher du kommst, desto klarer kannst du erkennen.

Nimm dir die Zeit, deine Ankunft zu erfahren, und schaue dich genau um.

An der Hand von *Shareiam* verlässt du das Lichtschiff. Du weißt, während du die Oberfläche des Planeten betrittst, dass du auf einem großen Gewässer stehst. Doch dieses Gewässer ist so fest, dass du das Gefühl hast, auf fester Erde zu stehen. Fühle die Festigkeit des kosmischen Wassers unter deinen Füßen. Fühle, wie es dich sanft trägt.

Machalachacharian schaut dir mit strahlenden Augen ins Gesicht. Er begrüßt dich hier in seiner Heimat, die auch deine Heimat aus einem anderen Leben ist. Er ist voller

Freude, dass du den Weg in seine Heimat gefunden hast, um dich dir ganz und gar selbst hinzugeben. Seine Seele berührt die deine, und du weißt, du bist auf dem Weg, vollkommen in dir selbst anzukommen.

Machalachacharian führt dich durch diese Welt, die dir sehr vertraut ist. Noch ist dein irdisches Denken ein wenig erstaunt, dass in dieser Wasserwelt wunderbare Gebäude errichtet sind, doch in dir keimt die Erinnerung an diese Schwerelosigkeit, die du auf Erden so sehr vermisst hast. Du kannst nun endlich erahnen, warum die Walwesen auf der Erde ihr Leben im Meer verbringen.

Schaue dich um und betrachte dir die Landschaft auf diesem traumhaften Planeten. Fühle, was du fühlst, hier in der Gegenwart von *Shareiam* und *Machalachacharian*.

Shareiam führt dich zu einem wundervollen Palast, der wie aus dem Nichts vor dir auftaucht. Es ist ein Palast, wie du ihn in deinem irdischen Leben niemals zuvor gesehen hast. Auch dieser Palast ist aus diesem verfestigten Wasser, das aus reinem Licht besteht, erbaut. Er ist strahlend, hell und warm. Du betrachtest dir dieses wundervolle Gebäude und steigst langsam die himmlischen Stufen empor, die wie aus silbernem, verfestigtem Wasser erscheinen und dich tragen.

Ein großes Portal öffnet sich. Du stehst in einer Halle aus flüssigem Gestein. Die Wände erstrahlen in alles überstrahlenden, hellen, zarten Blautönen. Diese überirdischen Farben sind durchzogen von zarten Gold- und Silberfäden. Ein feines Glitzern und Strahlen geht von ihnen aus.

Am Ende der Halle entdeckst du einen Thron, und auf diesem Thron sitzt ein prachtvolles Wesen in der Gestalt eines weißen, golden schimmernden Walwesens. Diese prachtvolle Walwesenheit winkt dir zu. Du bewegst dich langsam und ehrerbietig auf dieses großartige Wesen zu. Du spürst, dass sie weiblich ist, denn ihre weibliche Kraft berührt ganz tief dein Herz und lässt dich die Vollkommenheit deiner eigenen weiblichen Kraft in dir erahnen. Ihre Ausstrahlung erscheint dir göttlich und voller Liebe.

Nun bleibst du vor ihr stehen. Du erkennst ein humorvolles, liebevolles Lachen in ihren Augen, während sie dir ihre kraftvollen Hände reicht. Deine Hände versinken in den großen, warmen, weichen, weißen Händen, und ein kraftvoller Strom von Energie durchfließt dich. Du möchtest in ihren Augen versinken, denn obwohl sie ein Walwesen ist, hat sie Züge, die menschlich sind. Und während du in ihren Augen versinkst, erkennst und erfährst du: Die Quelle hat alles nach ihrem Ebenbild erschaffen und aus sich selbst entsendet.

Du nimmst Platz an ihrer Seite, und sie bittet dich, deine Augen zu schließen. Während du deine Augen schließt, bemerkst du, dass du in deinem Inneren eine neue Dimension betrittst. Spüre tief in dich hinein und erfahre das Ätherische deines wahren Seins. Du erfährst jetzt deine wundervolle Seele direkt in deinem Inneren.

Das weißgoldene Walwesen ist an deiner Seite. Sie nickt dir bestätigend zu. Es ist wahr, was du in dir selbst erfährst. Du bist ein Wesen aus reinem Licht, ein Wesen, das sich selbst direkt aus der Quelle in das Leben, in die Individualität, gesungen hat. Fühle es tief in dir, wie wunderbar es war, als du selbst dich in die Erfahrung deiner Individualität begeben hast; wie es war, als du dich aus der Quelle ins Leben gesungen hast. In welcher Form hast du dich als Erstes manifestiert? Öffne dich der Erfahrung der Erschaffung deines Seins.

Deine weißgoldene Freundin nennt dir jetzt leise ihren Namen, mit dem nur du sie rufen kannst. Lausche und empfange den Namen deiner Seelenhüterin in den Dimensionen.

Nun führt sie dich zu einem großen runden Spiegel, der in der Mitte des Raums steht. Nichts ist sonst mehr in diesem Raum. Du siehst nur noch den Spiegel und blickst in dein eigenes Spiegelbild.

Deine neue Freundin tritt zurück. Sie fordert dich auf, bis auf den Grund des Spiegels zu blicken und dich selbst zu erkennen. Du schaust in den Spiegel, und während du dich betrachtest, verändert sich dein Spiegelbild. Du wirst mehr und mehr zu dem, was du in Wahrheit bist unter deinem Erdenkleid. Das, was du soeben in dir selbst gefunden hast, deine ätherische, federleichte, vollkommene Seele, zeigt sich mehr und mehr im Spiegel vor dir. Wie fühlst du dich, jetzt, wo du dich in deiner wahren Form, die du selbst dir erwähltest als die Seele, die du in Wahrheit von Anbeginn an bist, betrachtest?

Du siehst flüchtige Szenen aus vielen deiner Leben, auf der Erde und anderen Planeten, die an dir vorüberziehen, während du fest stehst und in den Spiegel schaust. Du siehst Menschen, mit denen du Leben geteilt hast. Du siehst Landschaften, die dir fremd und doch vertraut scheinen. Du selbst bist eingebettet in diese Landschaften. All das fließt leicht an dir vorüber. Doch mit jedem Leben, das vor dir in deinem Spiegel erscheint, wirst du jünger, schöner, klarer, göttlicher und strahlender.

Nun klärt sich der Spiegel. Die Szenen um dich herum lösen sich auf.

Du stehst im strahlenden Licht und siehst vor dir ein strahlendes Wesen mit deinen Augen, mit deinen Gesichtszügen, mit deiner Gestalt. Und du erkennst: Du stehst vor deiner eigenen Seele. Das, was du warst, was du bist und immer sein wirst, steht kraft- und lichtvoll direkt vor dir. Du fühlst deine Seele jetzt auch tief in dir und blickst dir gleichzeitig liebevoll aus dem Spiegel entgegen.

Ein strahlendes Wesen aus der Quelle des Universums steht direkt vor dir. Es schaut dich mit deinen Augen aus dem Spiegel heraus an. Betrachte dieses wunderbare Wesen, das in Wahrheit du selbst bist unter der Oberfläche all deiner menschlichen Erfahrungen, Enttäuschungen und Verluste. Schaue in deine göttlichen Augen und betrachte dir deine göttliche Gestalt. Du bist vollkommen.

Was fühlst du jetzt, wo du dich erkennen kannst in der Wahrhaftigkeit deines wahren Seins?

Das weißgoldene Walwesen, dessen Namen nur du kennst, tritt neben dich. Du siehst euch beide im Spiegel und erkennst die Verbundenheit mit ihr und mit Allem-was-ist. Fühle jetzt tief in dir, dass du eins bist mit Allem-was-ist. Du bist eins mit allem Sein in allen Universen.

Sie berührt sanft den Spiegel mit ihren göttlichen Händen. Du erkennst eine Szene, die sich vor dir aufbaut. Du erkennst dich selbst in dieser wunderbar strahlenden Gestalt vor einem Mitglied des „Hohen Rates der Hüter und Hüterinnen der Quelldimension" stehen, in einer Dimension der unendlichen Liebe. Schaue still, voller Freude oder Andacht auf diese Szene. Alles, was du jetzt fühlst, ist gut, denn es ist du. Es sind die reinen Gefühle deiner Seele.

Nun erklingen Stimmen. Du erkennst, es ist deine eigene und die Stimme deines Gegenübers. Du hörst, wie du um Erlaubnis bittest, einige Leben auf der Erde verbringen zu dürfen. Höre dich selbst diese Frage stellen und lausche auf die Antwort.

Nun erklärst du, was du auf der Erde erfahren möchtest. Lausche auf deine eigenen Worte.

Lausche jetzt der Antwort.

Du erklärst, welches Geschenk du mit deiner Inkarnation der Erde überbringen möchtest, und was du für dich selbst zu erfahren wünschst. Welche Erfahrung möchtest du auf der Erde ganz tief in dir integrieren?

Lausche jetzt der Antwort.

Jetzt, wo du weißt, was deine selbst gewählte Aufgabe auf der Erde ist, frage dich: An welcher Etappe deiner Aufgabe stehst du, und was hast du noch zu erledigen, um dir selbst gerecht zu werden?

Wenn du die Antwort in dir selbst nicht findest, dann frage deinen Berater oder deine Beraterin.

Lausche jetzt der Antwort.

Nimm Abschied, denn das weißgoldene Walwesen neben dir lässt die Bilder im Hintergrund entschwinden. Vor dir steht nur noch die Essenz deiner Seele. Schaue und fühle es ganz genau. Deine vollkommene Seele verlässt jetzt den Spiegel. Sie tritt aus dem Spiegel heraus und kommt direkt auf dich zu. Ja, es ist wahr. Sie tritt ganz dich an dich heran, denn sie möchte, dass du jetzt ganz bewusst mit ihr verschmilzt.

Fühle, wie deine vollkommene Seele ganz dicht vor dir steht. Du fühlst ihre Aura deine durchdringen. Eure ätherischen Körper berühren einander. Und wenn du so weit bist, dann lass deine Seele jetzt, für dich ganz bewusst, in deinen Körper eintreten. Fühle, wie ihr ganz und gar miteinander verschmelzt, während du mit einem tiefen Einatmen deine Seele in dich aufnimmst und dich fest mit ihr verbindest.

Du bist jetzt wieder ganz und heil in dir selbst. Fühle den Ort der Kraft in dir, an dem deine vollkommene, vollständige Seele jetzt Platz genommen hat. Werde auch du, wenn du in deine Realität zurückkehrst, mehr und mehr Ausdruck deiner vollkommenen Seele, die direkt aus der Quelle sich und damit dich in das Leben geliebt hat.

Sei von heute an vollkommener Ausdruck und Glanz deiner Seele. Atme und spüre dich. Du bist ein vollkommenes Abbild der Quelle selbst. Betrachte dich noch einmal in dem Spiegel und präge dir das Bild deiner Vollkommenheit gut ein.

Das Walwesen nimmt dich an die Hand und verlässt mit dir diesen Raum.

Wieder in der Halle angekommen, nehmen dich weitere dieser wunderbaren Walwesen in ihrer Mitte auf. Sie begleiten dich zu einer gemütlichen Liege.

Betrachte dir die Weisheit und die lichtvolle Kraft dieser Wesen, die sich dir in einem alles überstrahlenden Weiß-Gold zeigen. Dann lege dich nieder und mache es dir auf der gemütlichen Liege bequem.

Du hörst eine leise Stimme, die dich auffordert, deinen inneren Ton zu vernehmen. „Vernimm den Ton, der dich tief mit den Walwesen verbindet, wenn du ihn in dir aufsteigen lässt."

Lausche tief in dich hinein. Leise erfährst du diesen Ton in dir, der mit dem Ton der Wale, die hier im und vor dem Tempel ihr Lied für dich anstimmten, in Einklang kommt, während er über deine Lippen fließt.

Beginne jetzt mit all deinen Sinnen, deinen physischen Körper abzutasten. Spüre genau hinein, welche Stelle sich in deinem Körper bemerkbar macht, die jetzt geheilt oder gestärkt werden möchte, damit auch dein Körper der klare Tempel ist, der deiner Seele gerecht ist.

Lass dich unterstützen von den energiereichen Händen der weißen Walwesenheiten, die sanft heilende Energien über deinen Körper senden. Wenn du die Energie der Hände über dir spürst, dann lass deinen Walton von innen heraus aus dieser Stelle deines Körpers kommen. Durchdringe von innen heraus mit deinem Walton diese Stelle so lange, bis du Erleichterung und Freiheit von Druck oder Ähnlichem erfährst.

Die weichen, weißen Hände ruhen mit sanftem, energetischem Druck über deinem Körper. Du verspürst einen wunderbaren Frieden, während du Heilung aus dir selbst heraus auf allen Ebenen deines Seins erfährst. Dein Körper wird jetzt zu dem vollkommenen Tempel von einst, den deine Seele sich erschaffen hat, um ihre Aufgabe in der Dimension der Erde anzutreten. Du bist vollkommen in deiner Göttlichkeit, hier in der wundervollen Dimension des Spirits der Wale.

Während du dich jetzt völlig frei, leicht und gelöst von der Liege erhebst, wirst du von dem warmen, weißen Walwesen, dessen Namen nur du kennst, aus dem Palast heraus nach draußen geführt.

Du stehst nun wieder in dem Wasser des Lebens, das unter deinen Füßen fest und weich zugleich ist, und dich durch deine Füße mit Leichtigkeit und Frieden durchströmt.

Das weißgoldene Walwesen nimmt deine Hände. Sie schaut dir tief in die Augen und bittet dich, sie jetzt bei ihrem Namen zu nennen, den nur du alleine kennst. Sprich diesen Namen jetzt laut und deutlich aus, direkt in ihre Augen hinein.

Wenn du dieses getan hast, legt sie eine kraftvolle Kugel in deine Hände. Nimm die Kugel entgegen und umschließe sie sanft mit beiden Händen. Auch diese Kugel ist wie verfestigtes Wasser. Sie ruht leicht und sanft kühlend in deinen Händen. Sie ist ihr Geschenk an dich und enthält die Energie der Quelle selbst. Sie lädt jetzt deine Hände mit der Heilkraft des Spirits der Wale auf.

Fühle, wie aus der Kugel die Energie der Wale, ihre Urteilsfreiheit, ihre Stärke, Kraft, Mut, ihr Mitgefühl und ihre Liebe in deine Hände strömen. Spüre, wie diese Energie mit deinem Atem sanft deine Arme hinaufströmt und bis tief in dein Herzzentrum fließt.

Atme durch deine Handflächen auch die Energie und die Essenz der Kugel bis tief in dein Herz hinein.

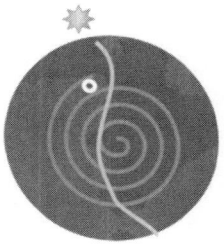

Sieh und fühle dabei, wie die Energie der Kugel mehr und mehr durch deine Hände in dich einströmen, bis sie ganz und gar in deinem Herzen verankert ist. Lass sie in deinem Herzzentrum wieder zu der strahlenden Kugel werden. Fühle den Ort in deinem Herzzentrum, an dem die kraftvolle Kugel von nun an dauerhaft ihren Platz einnimmt.

Nimm wahr, wie die Kugel die Energie der Quelle kontinuierlich und dauerhaft in dein Herzzentrum strahlen lässt. Merke dir gut den neuen Ort der Kraft in deinem Herzen.

Lass diese Energie nun in jedes deiner Chakren fließen.

Du bist angefüllt mit der heilenden, spirituellen Kraft der Wale und empfängst jetzt von dem weißgoldenen Walwesen die Ermächtigung, mit der Berührung deiner Hände diese Kraft weiterzugeben, wann immer du deine Hände einem anderen Wesen in Liebe reichst.

Fühle die Ermächtigung tief in dir.

Erhebe deinen Kopf im reinen Stolz der Göttin und gehe von heute an mit dieser kraftvollen Ausstrahlung durch dein Leben. Du bist Trägerin der Energie der Quelle, die nun durch die strahlende Kugel in deinem Herzzentrum den Raum vorbereitet für deine vollständige Integration in deine Kristallpalast-Ermächtigung.

Nun wird es Zeit, Abschied zu nehmen. Verabschiede dich liebevoll und wisse, dass du zu jeder Zeit hierher zurückkehren kannst. Du kannst deine neue Freundschaft mit dem wundervollen Walwesen jederzeit vertiefen, wenn du dich an diesen Ort begibst. Lass dich von *Shareiam* und *Machalachacharian* wieder zurück zum Lichtschiff begleiten.

Genieße die Rückkehr auf den Planeten Erde, den du jetzt vielleicht mit ganz anderem Wissen und voller Liebe zur Schöpfung in deinem Herzen betrachtest als auf der Hinreise zur Heimat der Walintelligenz.

Jetzt, wo du weißt, warum du wirklich hier bist, jetzt, wo du weißt, welch göttliches Wesen du in Wahrheit bist, jetzt, wo du weißt, welcher Teil deiner selbstgewählten Aufgabe noch vor dir liegt, kannst du die Schöpfung in ihrer Vollkommenheit neu erkennen. Du kannst die spirituelle Kraft der Walwesen, die spirituelle Kraft der Schöpfergöttin in dein Leben integrieren und teilhaben am universellen Sein.

Shareiam bittet dich noch einmal in deinen ganz persönlichen Raum, hier in der Dimension zwischen den Dimensionen.

Du betrittst deinen Raum, und *Shareiam* zeigt dir einen weiteren Spiegel, der jetzt in deinem persönlichen Raum fest verankert ist. In diesen Spiegel kannst du jederzeit schauen, um dich immer wieder zu erinnern an den wunderbaren Planeten und an das Wesen, das du in Wahrheit bist. Durch diesen Spiegel kannst du deine Seele immer wieder neu in dir integrieren, wenn du dich im Alltag von dir selbst getrennt haben solltest. Das ist dein ganz persönlicher Seelenkraftpunkt.

Das Lichtschiff steht still über dem Wasser. Sprich noch einmal mit *Shareiam*, wenn du möchtest. Stelle Fragen, die du stellen möchtest. Oder verabschiede dich liebevoll und lass dich den Strahl des Lichts wieder hinunterschweben zu den Walen und Delfinen im Ozean, die dir lächelnd entgegenschauen. Sie haben hier auf dich gewartet.

Winke noch einmal hinauf zum Raumschiff. Verabschiede dich für den Augenblick von *Shareiam* und *Machalachacharian*.

Ein großer Wal kommt auf dich zu. Sie oder er lädt dich ein zu einem kleinen Ausflug im warmen, silberglänzenden Wasser des Ozeans.

Du schwingst dich auf seinen Rücken, und er gleitet sanft mit dir durch den Ozean. Hier im Wasser lässt du noch einmal alles an dir vorüberziehen, was du soeben erlebt hast.

Die Wale nehmen dich sanft in ihre Mitte. Sie verankern mit ihrem Lied, das sie hier und jetzt nur für dich singen, dein neues Wissen und deine neue Heilkraft tief in dir, indem sie dich mit dem warmen, weichen Wasser in das Wissen deiner großen multidimensionalen Seele emporheben.

Nun trägt dich dein Wal liebevoll und sanft ans Ufer zurück.

Verabschiede dich liebevoll. Sieh ein wenig weiter entfernt die Wale und Delfine dir zuwinken, während sie sich nun wieder ihren eigenen Aufgaben zuwenden.

Wenn du so weit bist, komme sanft in deine vertraute Umgebung zurück. Bringe all deine Erfahrungen mit.

Nimm dir deinen Stift und schreibe alle Erfahrungen nieder, die jetzt noch ganz frisch in dir sind.

Die Kraft der Walermächtigung in einer Gruppe erfahren

© Raphaelle Wavrant - Fotolia.com

Auch diese Einweihung ist sehr schön, wenn sie in einer Gruppe erfahren wird. Vielleicht möchtest du ja, wenn du die ersten Einweihungen bereits in einer Gruppe erfahren hast, diese Gruppe wieder zusammenführen, um die Erfahrung in dir selbst zu festigen und mit Gleichgesinnten eine gemeinsame, wunderbare Erfahrung zu erschaffen.

Bereite alles so vor wie beim ersten Mal. Vielleicht nimmst du dieses Mal auch Walposter hinzu. Wenn alle Anwesenden in Ruhe ihre Positionen eingenommen haben, dann begib dich in eine Position, in der du dich trotz Vorlesens auch auf dich selbst konzentrieren kannst und trotzdem bequem sitzt.

Nimm einen tiefen Atemzug und atme die Delfin-Kristallpalast-Ermächtigung und die Walermächtigung ein. Verbinde dich tief mit dem Walwesen, das du in deiner Walermächtigung kennen und lieben gelernt hast.

Hebe beide Arme nach oben und bitte darum, dass die Heilkraft aus dem Kristall des Sirius, der mit Timarilamaa verbunden ist, durch dich hindurchfließen möge, um die Anwesenden in ihre Walermächtigung zu begleiten und deine eigene Einweihung zu verstärken.

Bitte die Delfine und die Wale, sowohl die Empfänger als auch dich selbst zu reinigen, zu heilen, in die spirituelle Walenergie einzuweihen und eure Heilkraft zu verstärken, damit ihr nach der Einweihung mit jeder Berührung Heilsein, Leichtigkeit und Lebensfreude weitergeben könnt. Dir selbst, anderen Menschen, Tieren, den Gewässern und der Erde. (Hier kannst du einfügen, was immer du magst.)

Dann lies, wie bereits bei eurem ersten Zusammentreffen, die Einweihungsmeditation für deine Freunde und Freundinnen langsam, laut, sanft und deutlich vor.

Wenn die Phase der Heilung kommt, dann nimm einige tiefe Atemzüge.

Bleibe in dieser Atemverbindung für eine Weile und lass dich die Visionen sehen, die dir von den Walwesen geschenkt werden. Spüre dein erneutes, noch tieferes Erwachen und sei dir der Ganzwerdung in dir und auch in den Anwesenden tief bewusst. Ehre jeden für sein Vertrauen, hier und heute mit dir gemeinsam diese Erfahrung zu teilen.

Wenn es an der Zeit ist, die Ermächtigungskugel den Einzuweihenden zu schenken, und du aktiv beteiligt sein möchtest, dann nimm am besten eine goldene Feder oder einen Bergkristall-Massagestab. Zeichne das Symbol, wie es der Ablauf der Meditation vorgibt, in den Raum. Bei deiner Einweihung hat das wundervolle Walwesen es für dich getan, doch wenn du es für die Anwesenden laut aussprichst, kann es sehr unterstützend sein.

„Hiermit zeichne ich das Wal-Symbol der Heilung, der bedingungslosen Liebe und der innigen Verbundenheit mit dem Licht der Quelle, dem Spirit der Wale und Delfine in den Raum. Nimm es selbstermächtigt entgegen und integriere es tief in dir."

Zeichne zum Schluss das Wal-Ermächtigungs-Symbol ebenfalls in den Raum und bitte darum, dass die Anwesenden das Symbol in ihr Kronenchakra aufnehmen. Bitte darum, dass die/der Einzuweihende dieses Symbol durch den Lichtkanal in alle Chakren fließen lässt.

Deine Freunde können visualisieren, wie das Symbol, vom Lichtkanal ausgehend, sich ausdehnt und durch alle Poren nach außen dringt. Vom Herzen ausgehend dann noch einmal in die Hände fließen lassen.

Tue das bitte nur, wenn es dein und euer Wunsch ist, denn es ist nicht notwendig. Das weißgoldene Walwesen tut es immer selbst. Du kannst lediglich dein körperliches Empfinden damit ein wenig unterstützen und deine eigene Einweihung in tieferem Verständnis dessen, wie der Ablauf für dich war, noch einmal integrieren.

Bitte zum Schluss deine kleine Gruppe, langsam loszulassen und sich zu erfreuen an der bedingungslosen Liebe der Wale, diese Liebe anzunehmen und jedes Gefühl von

Trennung einfach gehenzulassen in diesem Erdenplan.

Bedanke dich bei den Walen, bei *Machalachacharian*, *Shareiam*, dem großen Wal-Spirit und allen anwesenden Lichtwesen für ihre Unterstützung in deinem spirituellen Wachstum und für ihre bedingungslose Liebe zu allen Menschen, zu Gaia und zur gesamten Schöpfung.

Danke ihnen auch für ihre Bereitschaft, jederzeit zu helfen, wenn du sie rufst und um Heilung für dich selbst, für die Erde oder für andere bittest.

Nach deinem Dank für ihre ständige Bereitschaft, dich selbst und die Erde in eurem Aufstiegsprozess zu unterstützen, erlaube ihnen nun, ihren eigenen Wegen zu folgen. Bleibe in deiner Gewissheit, dass sie jederzeit für dich und für alle Menschen da sind.
Bedanke dich auch bei deinen frisch eingeweihten Freunden in eurer Runde, dass du sie unterstützen und dadurch eine Vertiefung deiner eigenen Einweihung erfahren durftest.

Möge die göttliche Freude der Engel und Erzengel der Meere, die sich uns als Delfine und Wale zeigen, und ihre bedingungslose Liebe dich auf deinem Weg in deine Vollkommenheit führen und begleiten.

Ich hoffe, dass du deine Wal-Ermächtigungs-Einweihung ebenso genießen konntest, wie ich es tue. Ich liebe es, Teil der göttlichen Aufgabe zu sein, uns selbst, andere Menschen, die Erde, die Ozeane und das Weltall mit kraftvoller, spiritueller Heilung zu erfüllen.

Die Engel der Meere singen beständig ihre Botschaften hinaus in die Meere und in das Universum. Sie rufen die Energie der Quelle bis tief auf den Meeresgrund und verankern das Licht für alle und alles. Bringe dich immer wieder in ihre Energie, und dein Leben kann freudvoller und lebendiger sein, als du bisher zu träumen wagtest.

Sei kraftvoll, innerlich frei, fröhlich, selbstbewusst und liebevoll. Werde selbst zum Engel, zum Erzengel der Meere, auf festem Boden unter deinen Füßen. Das geschieht ganz leicht, wenn du diese wundervollen Energien in dir täglich neu verankerst und sie durch dein Sein in dein Leben trägst. Es genügt die klare Verbindung und die Absicht, diese Energie durch dich auf alles strahlen zu lassen, dem du begegnest.

Lass den Einweihungstag nun so, wie es für dich und alle Anwesenden schön ist, ausklingen.

Wenn du mit der Energie des Spirits der Wale arbeiten möchtest, dann verbinde dich mit dem großartigen Walwesen, aktiviere die Ermächtigungskugel in deinen Händen und in deinem Herzen.

Dann lass diese wundervolle Energie aus deinen Händen und aus deinem Herzen strömen. Sende sie an den Ort und/oder den Menschen/das Tier, von dem du weißt, dass deine Sendung erwünscht ist.

Vertraue hier deiner Intuition, die dich sehr klar fühlen lässt, welche Wege die besten sind für dich und für andere Wesen und Menschen, die dir auf deinem Weg begegnen.

Vor allem lausche immer wieder in dich hinein. Lass immer wieder dein ganz eigenes Wal-Lied erklingen. Mit dem Klang, der nur dir zu eigen ist, kannst du alle Situationen spirituell reinigen und heilen, in denen du dich unwohl fühlst, oder in denen du der Selbstheilung bedarfst.

Das Universum ist Klang, und jeder Mensch hat seinen ganz individuellen Ton, der das Reich der Wale und Delfine erreicht. Lass diesen Gesang immer wieder in dir aufsteigen.

Es ist dies nicht dein Seelenton, es ist dein Walverbindungston. Singe ihn, trällere ihn, oder summe ihn einfach vor dich hin. Mit der Zeit wirst du auch im realen täglichen Leben mehr und mehr zu der Offenbarung deiner Seele, wie du dich im Spiegel der liebenden Wahrheit erfahren hast.

Du wirst dich immer tiefer mit dem Spirit der Wesen des Sirius verbinden und eins fühlen. Und wenn du ein wenig Zeit erübrigen kannst, dann sende diese wundervolle Kraft auch an die Ozeane, die heute so dringend der Heilung und Reinigung bedürfen.

Wenn du erfährst, dass wieder einmal Wale oder Delfine irgendwo gestrandet sind, dann sende ihnen die Energie, die dir vom Spirit der Wale übergeben wurde. Auf diesem Weg werden sie Heilung erfahren und können leichter ihren Weg finden; entweder zurück in das Meer auf der Erde oder in ihre wahre Heimat.

Teil 5

Einweihung

Der Kristallpalast der Welten

Eva-Maria Ammon und Shareiam

Die Kristallpalast-Ermächtigung
Einführung

Herzlich Willkommen zu deiner vierten und letzten Ermächtigung in die Energie des Kristallpalastes auf dieser Erde, unseres Heimatplaneten.

Ich wünsche dir von ganzem Herzen, dass du auch deine dritte Einweihung für dich und deinen Weg gut integriert hast und in der Zeit seit eurer ersten Begegnung einen innigen Kontakt zu der wunderbaren Welt der Delfinwesen, der Wale, zu *Shareiam* und *Machalachacharian* und all den anderen wundervollen Wesenheiten, die dich bis hierher begleitet haben, knüpfen konntest.

Sicherlich wurden dir auch nach deinen Einweihungen wertvolle Hinweise gegeben, mit denen du für dich persönlich dein Leben bereichern konntest.

Hier nun erwartet dich der Höhepunkt deiner Reise in die Welten der Schwerelosigkeit, der Leichtigkeit, und damit eine weitere Erhöhung deiner Energie.

Diese Einweihung verbindet dich mit der Weißen Schwestern- und Bruderschaft und macht dir deine Verbindung mit *Machalachacharian* bewusst. Du kannst hier zu einem wahren Magneten erwachen, der Lemuria auf dieser Erde neu integriert.

Sie führt dich tief zurück in den Kristallpalast auf den Grund des Ozeans der göttlichen Wesen. Sie kann dir deine Verbindung mit den Siriuswesen der Aufstiegsebenen bewusst machen und dich auf deine Aufgabe, die du gemeinsam mit diesen Wesen erfüllen möchtest, in Einklang bringen.

So gilt es für dich, in dieser wundervollen Einweihung zu erfahren und neue Erkenntnisse darüber zu gewinnen, wer du wirklich bist und welchen Part du am Plan des großen Ganzen besitzt.

Wenn du aufmerksam bist und genau hinhörst, werden die Delfine, Wale und Feen der Meere dich in ihre Aufgabe einweihen. Sie werden dir noch viel deutlicher sagen, welchen Part sie am Geschehen auf Erden, welche Beteiligung sie an den Kornkreisen haben, und wie sie ihre Aufgaben erfüllen.

Der Kristallpalast ist ein hochspiritueller Ort, ganz nahe der Quelle.

Ich freue mich darauf, dir im lemurischen Kristallpalast zu begegnen, der sich in einer anderen Dimension befindet. Durch deine Einweihung und deine Arbeit mit diesen kraftvollen Energien leistest du einen entscheidenden Beitrag für die Rückkehr von Avalon und Lemuria auf diese Erde.

Viel Freude, wunderschöne Erfahrungen und tiefe Verbundenheit mit Allem-was-ist wünsche ich dir.

Eva-Maria

Einschwingen in die Kristallenergien

© Markus Gössing - Fotolia.com

Erinnere dich immer wieder daran, dass du den Walverbindungsatem nutzt, um dich stetig in die Energie zu bringen.

Wenn du tief und gleichmäßig atmest, dann stelle dir vor, dass du selbst ein Delfin- oder Walwesen bist, und lass dich ein auf die Erfahrungen, die sich dir zeigen.

Die Kristallpalast-Einweihung kann sehr tief gehen und dich zu Erfahrungen bringen, die dich wieder in deiner Heimat sein lassen, die du dann hier auf dem Planeten Erde für dich verankern kannst.

Atme mit den Walen und Delfinen, und nichts, aber auch gar nichts, kann dich mehr in Atemnot geraten lassen.

Atme tief und fülle dich immer wieder auf mit der kosmischen Energie, damit du ein Mittler zwischen Himmel und Erde wirst.

Nutze auch dieses Mal vor deiner Einweihung wieder die kleine Meditation zur Einstimmung.

Lemuria Kristallpalast-Ermächtigung
Die Einweihung

© Raphaelle Wavrant - Fotolia.com

Bevor du dich zur Meditation hinsetzt oder -legst, bereite deinen Raum wieder liebevoll vor. Lege dir auch dieses Mal deinen Schreibblock und einen Stift zurecht, damit du am Ende sofort deine Erfahrungen niederschreiben kannst

Schließe deine Augen und entspanne deinen Geist.

Sitze bequem und entspannt auf deinem Stuhl. Schwinge in einem ruhigen Rhythmus von Atem und Leichtigkeit.

Machalachacharian steht neben dir. Betrachte dir seine ätherische Gestalt, sein Antlitz, und lass dich von seinem liebevollen Lächeln einhüllen. Er strahlt dir entgegen, und du spürst, wie sehr er sich darauf freut, dich heute in dieses Mysterium einzuführen, das du so lange gesucht und doch einfach nur vergessen hast.

Machalachacharian nimmt jetzt deine Hand. Du spürst, wie du leichter und leichter und beinahe schwerelos wirst.

Nun schwebst du empor, und an seiner Hand verlässt du sicher und getragen deinen Raum.

Dein Raum liegt nun unter dir. Schaue von oben auf deinen Raum, in dem dein Körper sicher und geborgen ruht.

Du schwebst mit *Machalachacharian* dem unendlich weiten Universum entgegen. Ihr schwebt durch das Universum. Betrachte dir den Himmel, den du bisher nur aus der Ferne wahrnehmen und dessen Grandiosität du auf der Erde nur erahnen kannst.

An *Machalachacharians* Hand fühlst du dich frei, leicht und gelöst von allen Dingen des Alltags. Genieße die Ruhe und den Frieden an seiner Seite. Lausche dem Klang des Universums, wiege dich im Rhythmus der Zeiten und fliege dahin als die Seele, die du wirklich bist.

Weit in der Ferne entdeckst du wieder den winzig kleinen Lichtpunkt, der dich immer noch magisch in seinen Bann zieht.

Du schwebst mit *Machalachacharian* auf diesen Lichtpunkt zu, der dir immer mehr entgegenkommt. Mit jeder Sekunde wird dieser Lichtpunkt größer. Du erinnerst dich, dass du hier bereits einmal warst.

Jetzt erkennst du den wunderschönen Planeten und weißt, dass es der Planet ist, den du in dir als deine Heimat empfunden, erinnert und dessen Harmonie du auf Erden immer gesucht hast. Das ist dein selbstgewählter Auftrag: Diese Harmonie auf Erden in deinem Leben und deinem Umfeld neu zu manifestieren. Je mehr Menschen das mit dir gemeinsam tun, desto lichtvoller kann die Erde erstrahlen. Die Konturen werden klarer. Es ist der Planet, auf dem du deine dritte Einweihung in die Walermächtigung erfahren durftest.

Betrachte dir jetzt von oben die Landschaft. Du erkennst heute alles viel klarer als beim ersten Mal. Welche Farben hat dieser wunderbare Planet? Schaue ganz genau hin. Was hat sich verändert seit deinem ersten Besuch?

Welche Formen erkennst du?

Welche Energien spürst du?

Gemeinsam schwebt ihr nun der Oberfläche des Planeten entgegen. Und während ihr sanft auf euren Füßen landet, erkennst du vor dir einen weiteren Tempel, der dich bezaubert. Betrachte dir diesen herrlichen Tempel. Schaue und staune, wie ätherisch und doch beinahe greifbar dieses kraftvolle Gebäude dein Herz berührt. Vielleicht warst du ja bereits hier? Wenn das so ist, dann erinnere dich JETZT!

Machalachacharian erklärt dir, dass es der Tempel der Weißen Schwestern- und Bruderschaft ist, in die er dich jetzt einführen möchte, wenn es dein Wunsch ist. Als Mitglied, vorerst als Schüler, übernimmst du die Aufgabe, das Licht auf die Erde zu bringen, dein Sein dafür einzusetzen, dein inneres Licht in dein Umfeld strahlen zu lassen und damit die Erde bei ihrem Aufstieg in das Licht der Quelle zu unterstützen. Du wirst zum Verankerer des universellen Lichts auf der Erde, so, wie die Wale und Delfine es sind.

Fühle, was du fühlst, wenn du erfährst, dass du als Schüler/in der Weißen Schwestern- und Bruderschaft empfangen werden sollst. Die Weiße Schwestern- und Bruderschaft hat die Aufgabe übernommen, der Erde und der Menschheit beim Quantensprung zu helfen und jeden Menschen tatkräftig zu unterstützen, die oder der einen eigenen wichtigen Beitrag dazu leisten möchte. Wenn du dieses möchtest, wirst du von unseren lichtvollen Freunden gerne eingeladen, um tiefer und intensiver geschult zu werden.

Fühle, was du bei diesem Wissen tief in dir fühlst. Und wenn du ein klares „Ja, ich will!", in dir verspürst, dann...

gehe neben *Machalachacharian* die Stufen zum Portal des Tempels empor und fühle, was du fühlst. Du hast dich selbst erwählt, dein Sein in den Dienst des Wachstums deiner Seele auf Erden zu stellen und die Erde bei ihrem Quantensprung zu unterstützen. Jetzt, da du oben ankommst, öffnet sich das Portal. Schaue, wer es ist, die oder der dich empfängt?

Eine Aufgestiegene Meisterin oder ein Aufgestiegener Meister bittet dich herein. Sie oder er erklärt dir, dass du die Ehre erhältst, weil du selbst dich erwählt hast, als Schülerin oder Schüler der großen Weißen Schwestern- und Bruderschaft auf Erden deinen Dienst zu verrichten, ab sofort in den Unterricht aufgenommen wirst. Du erfährst, dass du jede Unterstützung auf diesem deinem Weg der Liebe erhalten wirst, derer du bedarfst. Wenn du bereits Schülerin oder Schüler der Weißen Schwestern- und Bruderschaft bist, dann wird dein Bündnis jetzt erneuert, und du erfährst weitere, tiefer gehende Schulungen.

Machalachacharian ist dein Pate. Er wird immer dein Mittler zu dieser Ebene sein, wenn du den Kontakt verlierst und wünschst, dein Bündnis zu erneuern.

Nimm Platz auf deinem Stuhl, der dir nun angeboten wird. Betrachte dir den Meister, die Meisterin, der oder die dich in der nächsten Zukunft intensiv schulen wird, ganz genau. Stelle alle Fragen, die dir auf der Seele liegen. Lass dir den Namen deiner Lehrerin oder deines Lehrers nennen und merke dir diesen Namen gut.

Du bekommst jetzt deine Aufgaben erklärt, die du auf der Erde erfüllen darfst, während du eine würdige Vertreterin, ein würdiger Vertreter der Weißen Schwestern- und Bruderschaft in einem menschlichen Körper wirst. Höre genau hin. Fühle die urteilsfreie Liebe hier in diesen, bisher unwirklichen Räumen, die für dich jetzt so wirklich sind wie dein Leben in deinen physischen Räumen auf der Erde.

Shareiam kommt auf dich zu. Sie gratuliert dir von Herzen zu deinem Hiersein und deiner Aufnahme. Sie freut sich, dass du dich bereit erklärt hast, das Licht auf Gaia zu verkörpern und die Menschen, mit denen du persönlich zusammentriffst, an deinem Licht teilhaben zu lassen. Du musst dazu nichts weiter tun. Lebe dein Licht, trage es und lass es aus dir heraus strahlen.

Beginne damit, jedes Urteil in dir zu hinterfragen. Beginne, urteilsfrei zu werden. Die Absicht, ein Quell des Lichts zu sein, deinen Teil dazu beizutragen und dann schrittweise in deine Vollkommenheit einzutreten, ist alles, was du tun musst. Die Meisterinnen und Meister werden dich gerne auf diesem deinem Weg leiten, begleiten, fördern und segnen.

Shareiam bittet dich, sie jetzt zu begleiten. Verabschiede dich für den Augenblick von den Aufgestiegenen Meisterinnen und Meistern und betrachte dir *Shareiam*. Genieße die Verbundenheit, die von ihr zu dir ausstrahlt, und fühle auch deine Verbundenheit zu ihrer Seele.

An der Hand von *Shareiam* verlässt du den Tempel. Du betrittst an ihrer Seite einen prachtvollen Garten, der in ein sanftes Licht getaucht ist.

Auch *Machalachacharian,* der dich hier erwartet hat, ist jetzt wieder neben dir, während du beschwingt und andächtig den wunderbaren Garten hier in der Dimension der Weißen Schwestern- und Bruderschaft, erfahren darfst. Schaue dich genau um. Betrachte dir die überirdisch leuchtenden Farben, die ätherischen Pflanzen, die zauberhaften Geschöpfe, die du als Tierwesen erkennst. Nie zuvor hörtest du solche traumhaften Vogelmelodien, nie sahst und fühltest du einen Garten so voller Pracht wie diesen, den du jetzt erforschst.

Vor einem reich verzierten Brunnen bleiben *Machalachacharian* und *Shareiam* jetzt stehen. Sie sehen dich auffordernd an und bitten dich, auf die Oberfläche des Brunnens zu schauen. Du blickst auf die dunkle, glänzende Oberfläche und spürst, dass dieses die Pforte ist, die dich zum Kristallpalast führen wird.

Der Brunnen scheint unergründlich tief. Das Wasser ist

kristallklar, und du siehst in unendliche Weiten, die dich zu rufen scheinen. Lausche dem sanften Wispern des Brunnens. Was raunt er dir zu? Wie fühlst du dich jetzt, wenn du in den unergründlichen Brunnen schaust?

Shareiam bittet dich, so lange auf diese Oberflache zu schauen, bis du dein eigenes Hohes Selbst in deinem Spiegelbild, das die Wasseroberfläche dir spiegelt, erkennen kannst.

Und wieder erkennst du, wie strahlend und schön du in Wahrheit bist unter all deinen Masken, die du von heute an nicht mehr brauchst. Du kannst das alles jetzt mit einem tiefen Ausatmen loslassen. Du bist Schülerin und Verbündete der Weißen Schwestern- und Bruderschaft. Du wirst bedingungslos und urteilsfrei geliebt von all diesen lichtvollen Wesen. Du darfst das alles dir jetzt endlich auch selbst schenken. Du bist von heute an ein wahres Licht auf Erden.

Wenn du bereit bist, dann steige an der Hand von *Shareiam* und *Machalachacharian* auf die Brüstung des Brunnens. Nimm noch einmal einen tiefen Atemzug, und wenn der Zeitpunkt für dich richtig ist, dann springe an ihren Händen in den Brunnen hinein.

Fühle das kühle Wasser dich seidig umschmeicheln. Du atmest auch hier unter Wasser normal weiter. Nimm wahr, was sich dir während dieser Tauchfahrt zeigt. Du atmest genauso, wie du auch an Land atmest. Dein Körper füllt sich mit ätherischem Sauerstoff, und das kostbare Nass dringt durch jede deiner Poren klärend und magisch in deinen ätherischen Körper ein.

Fühle, wie deine Zellen durchspült und gereinigt werden. Fühle, wie deine DNA in jeder Zelle gereinigt, befreit und vervollkommnet wird.

Augenblicklich ist es wieder strahlend hell um dich herum. Du spürst wieder sanften Boden unter deinen Füßen. Schaue dich um und erforsche den herrlichen Ort, an dem du nun bist.

Eine wunderbare Landschaft, ganz in warmes, zart orangegelbes Licht getaucht, erschließt sich vor dir. Du erkennst grazil scheinende Hügel in einem unwirklichen Licht in der Ferne. Vor dir liegt ein großer Ozean. Schaue dich genau um, hier an diesem Ort des Friedens.

Rechts neben dir steht ein wunderschönes Haus mit einer blumengeschmückten Veranda. Auf dieser Veranda steht eine große Frau, die dich erwartungsvoll anschaut. Vielleicht wirkt sie auf dich ein wenig traurig, so, als würde sie schon lange auf etwas oder jemanden warten. Betrachte dir diese Frau und fühle, wie sie sich fühlt. Fühle, wie du selbst dich fühlst. Die wunderschöne Frau winkt euch erwartungsvoll zu.

Hinter ihrem Haus erheben sich Berge von unwirklicher Schönheit. Die Landschaft, wie auch das Wasser vor dir, sind in ein unwirkliches Licht getaucht. Du ahnst eine Sonne und schaust in eine sanfte Sonne hinein, die dich zart umschmeichelnd wärmt.

Es ist eine Sonne, in die du hineinschauen kannst. Es ist eine Sonne, die dich der Göttin und der Quelle ganz nahe sein lässt. Fühle die wärmenden Strahlen sanft über deine Haut wandern.

Weiter am Horizont erkennst du zwei noch blasse, zarte Monde, und du weißt, dass, wenn die Dunkelheit hereinbricht, diese beiden Monde den Planeten in ein helles, zartes Licht tauchen werden. So, wie du es aus Lemuria erinnerst.

Und... du erinnerst dich, dass du diese wundervolle, andächtige Atmosphäre, in der du nichts als Verbundenheit mit Allem-was-ist, in der du nichts als Frieden und Liebe spürst und bist, aus deinen Träumen und deinen unwirklich scheinenden Erinnerungen kennst.

Machalachacharian steht neben dir. Er schaut mit dir gemeinsam auf die einsame Frau. Du erkennst Tränen der Liebe in seinen Augen, und auch dir wird ein wenig wehmütig ums Herz. Fühle tief in dich hinein. Was ist es, was dich mit dieser Frau verbindet? Was ist es, was du fühlst, wenn du sie betrachtest?

Gehe jetzt gemeinsam mit *Machalachacharian* auf diese Frau zu.

Betrachte dir die liebevolle Begrüßung dieser beiden Wesen und lass dich von diesem Gefühl der universellen Liebe erreichen. Begrüße auch du sie und lass dich von ihr begrüßen.

Sie erzählt dir jetzt, wie lange sie schon auf dich gewartet hat, und erklärt dir, welche Aufgabe sie hier auf diesem wundervollen Planeten für dich erfüllt, und auch, welchen Platz sie in deinem Leben hat. Lausche ihren Worten, fühle deine Gefühle, fühle sie, als ob sie du wäre.

Sie nennt dir ihren Namen und bittet dich, zum Abschluss deiner Reise, die du gleich mit *Machalachacharian* und *Shareiam* antreten wirst, noch einmal zu ihr zurückzukehren.

Machalachacharian gibt dir ein Zeichen. Du erhebst dich von deinem Platz. An seiner Seite gehst du durch den weichen, samtigen Sand auf den Ozean zu.

Doch dieser Ozean scheint so ganz anders zu sein, als du ihn von der Erde her kennst. Das Wasser umspült deine Füße. Aber es ist nicht nass. Es ist seidig, warm und glatt und fühlt sich an wie weiche Seide, die dich umschmeichelt.

Und schon tauchen zwei wunderschöne Wale vor dir auf. Betrachte sie.

Sie lächeln dir entgegen und laden dich ein, gemeinsam mit *Machalachacharian* auf ihrem Rücken Platz zu nehmen. Auch Delfine sind nun aufgetaucht, und mitten unter ihnen erkennst du *Shareiam* und *Vördinjasal*.

Ihr verlasst den Strand. Nimm Platz auf einem der prachtvollen Wale. Es herrscht eine freudige Stimmung. Beschwingte Leichtigkeit erfüllt das Wasser aus Seide. Singen erklingt im Wasser. Die Luft ist voller Wärme, Lachen, Freude und Leichtigkeit. Schwinge dich ein in diese Energien der reinen Freude am Sein.

Während dein Wal sich in Bewegung setzt, nähert sich *Shareiam,* um die Reise an deiner Seite fortzuführen. Geschmeidig gleitet dein Wal unter der unwirklich scheinenden Sonne in dem seidigen Meer dahin.

Genieße die Reise auf dem Rücken deines Wals. Halte dein Gesicht der dich liebkosenden Sonne entgegen und freue dich, dass du endlich in dir selbst – nach Hause gekommen bist. Du kommst bald ganz an, bei der großen Göttin dem universell liebenden Gott – in dir selbst.

Betrachte dir auch die anderen Planeten am strahlenden Himmel, die sichtbar sind und zum Greifen nahe erscheinen. Genieße die unendlichen Weiten hier an diesem Ort des Zaubers, an dem alle Grenzen Illusion sind. Du bist grenzenlos, und du bist grenzenlos frei in dir selbst. Fühle, wie du eins wirst mit dem Wal, der oder die dich trägt. Verschmilz ganz mit seinem Sein, mit seiner oder ihrer Seele.

Nun geht es nach unten. Die Wale tauchen ab in das kühle, seidene Meer. Du erfährst eine atemberaubende Unterwasserwelt. Schaue und staune über alles, was dir hier begegnet. Die Farben sind so viel kraftvoller, strahlender, glänzender, als du es von der Erde her kennst. Alles scheint unwirklich und ist dir doch so sehr vertraut.

Ihr durchquert den Ozean, und du weißt, dass es bis auf den Grund des trockenen Meeres durch das seidene, ätherische Wasser hinabgeht.

Und während du dich staunend, erinnernd umschaust, siehst du weit vor dir in der Ferne eine prächtige, große, strahlend schimmernde, glitzernde, in einem unwirklichen Licht schillernde Stadt, zunächst nur schemenhaft.

Diese Stadt ist eingebettet in ein wundervolles Gebirge aus reinem Larimar. Sie wird geprägt von einem Palast aus klarem Kristall, der aus der Mitte der Stadt emporragt. Du erkennst es jetzt genau. Der Palast besteht aus kristallklarem Lemuriakristall. Er strahlt und schimmert in allen Facetten des Lichts der Quelle. Alle Straßen dieser unwirklich scheinenden Stadt laufen genau auf diesen Palast zu.

Dieser herrlich schillernde Lemuria-Kristallpalast erhebt sich mit funkelndem Glitzern vor deinem Auge, und du weißt es jetzt ganz tief in dir.

Hier wirst du erfahren, was das Wesen der Delfin- und Walwesen wirklich ist. Hier wirst du erfahren, wie du mit ihnen seit ewigen Zeiten verbunden bist. Hier wirst du erfahren, dass du eins bist mit allen Walen, Delfinen und Robben in allen Universen, und was es für dein Sein bedeutet.

Schaue dich um, hier an diesem herrlichen Ort, den du bisher nur noch in Träumen erinnertest, während dein Wal dich durch die Straßen dieser wundervollen Kristallstadt trägt. Strahlend ragt der Kristallpalast vor dir auf. Elfengleiche Wesen erkennst du durch die kristallklaren Wände. Glockenhelles Lachen erklingt, und das Echo wird durch die Wellen zu dir getragen.

So viel Leichtigkeit, so viel Freude, so viel Andacht hast du noch nie in deinem Leben zuvor erfahren. Spüre dich. Spüre tief in dich hinein, bis in dein Sakralchakra. Finde den Ort der Leichtigkeit und der göttlichen Freude in dir.

Und schaue dich dabei weiter um. Lass das glockenhelle Lachen tief in dich eindringen. Genieße diesen atemberaubenden Anblick. Alles ist aus Kristall, Larimar, Goldtopas und herrlich klaren Zitrinen erschaffen.

Schaue dich um und staune über die Pracht, während

du mehr und mehr den Widerhall des glockenhellen Elfen-lachens in deinem Sakralchakra verankerst. Lass dieses Lachen dann in dir aufsteigen. Fühle, wie glockenhelles Elfenlachen zu deinem eigenen Lachen wird. Fühle, wie es sanft in dir hochsteigt, dabei alle deine Chakren durch-strömt, sanft dein Kehlzentrum weitet, und dann lache dein Elfenlachen. Schenke der Kristallstadt dein Lachen, das vor Leichtigkeit und Freude perlt.

Die Energie in dieser Stadt ist so kraftvoll, wie du es nie zuvor erfahren hast. Wunderbare Wesen schweben durch die Straßen und begrüßen dich freudig, hier an diesem wunderbaren Ort der Kraft und der Liebe. Nimm all das in tiefer Wertschätzung deiner Selbst entgegen. Erkenne dich selbst an für deinen Weg, der dich hierher geführt hat an diesen kraftvollen Ort des wahren Seins. Das hier ist dein wahres Zuhause. Dieser Ort ist der Ort deiner wahren Essenz.

Dein Wal trägt dich jetzt zu dem Kristallpalast. Er setzt dich sanft vor den Stufen ab, die zu einem wunderschö-nen Portal führen. Löse dich aus der Vereinigung mit ihr oder ihm. Nimm wieder deine eigenen Konturen an und fühle weiter, dass du von nun an immer in völliger Einheit mit deinem Wegbegleiter in diesen herrlichen Meeren ver-bleiben wirst.

Du betrittst die kristallklaren Stufen und steigst lang-sam nach oben,dem Portal entgegen.

Machalachacharian und *Shareiam* sind neben dir. Sie lächeln dir freudig und liebevoll zu. Das Portal öffnet sich. Du siehst viele Gestalten in einer großen, strahlenden Halle, die dir beschwingt entgegenkommen. Du erkennst, dass sie lange auf dich gewartet haben und dir nun voller Freude einen prachtvollen Empfang bereiten.

Betritt jetzt die Halle und schaue dich um. Sie wird geprägt von einem großen Kristall, der in der Mitte des Raums seinen Platz einnimmt und die Halle in sanftes Licht taucht.

Durch die klaren Wände kannst du die Umgebung draußen wahrnehmen, und dir wird bewusst, dass hier in der Halle Wesenheiten versammelt sind, die du aus vielen Welten und Inkarnationen kennst. Begrüße jeden voller Freude und mit einem Lächeln. Fühle, wie freudig du aufgenommen wirst. Fühle, wie sehr du mit allen verbunden bist.

Schaue dich um, hier in deiner unwirklichen Wirklichkeit. Schaue hinaus und betrachte dir das fröhliche Treiben der überirdisch schönen Wesen vor dem Palast. Nimm wahr, wie Delfine, Wale, Feen und Elfen fröhlich durch das luftige Wasser schweben. Betrachte dir auch den herrlichen, energiespendenden Kristall im Mittelpunkt der Halle. Nimm alles tief in dich auf.

Eine strahlende Wesenheit kommt auf dich zu. Sie reicht dir die Hand und bittet dich, ihr zu folgen. Du folgst ihr durch die Hallen. Vor einem Respekt gebietenden Thron aus klarem Lemuria-Kristall bleibt sie mit dir an der Hand stehen. Dieser Thron ist reich verziert mit den schönsten Edelsteinen, die du je gesehen hast. Betrachte dir diesen Thron genau. Nimm seine Energie in dich auf.

Deine Begleiterin weist dir diesen Thron als deinen Platz hier im Kristallpalast zu. Es ist dein Thron, der hier für dich alleine seine Energien fließen lässt. Was fühlst du bei dieser Gewissheit?

Nimm Platz und spüre die Energie des Throns aus Lemuria-Kristall in deinem ganzen Wesen. Lass über dein Wurzelchakra diese Energie in dein ganzes Wesen treten. Nimm auch durch deine Füße die wundervollen Energien des Kristallbodens in dein Energiesystem auf. Fühle, wie du mehr und mehr zur Energie der Quelle erwachst.

Andere Wesen, ätherisch und wunderschön, betreten den Raum. Sie nehmen um dich herum Platz, auf ebensolchen Thronen aus herrlich klarem Kristall. Nimm alles tief in dich auf. Betrachte jedes einzelne der strahlenden Wesen genau. Präge dir ihr Aussehen, ihre Ausstrahlung und auch deine Freude gut ein, damit du zu jeder Zeit dieses Gefühl in dir neu aktivieren kannst, wenn du es benötigst, um in deiner neuen Mitte zu bleiben. Lass dich von den Energien deines Throns und des Kristallpalasts durchfluten. Werde selbst zu diesem Kristalllicht, bis du verbunden bist mit den Wesenheiten und den Energien hier an diesem göttlichen Ort.

Du spürst, wie du wissbegierig und offen wirst. Die vollkommenen Wesen um dich herum erzählen dir jetzt vom Sein des Lebens.

Sie erzählen dir, wie es war, als wir uns einst entschlossen, unsere Heimat zu verlassen, weil der Planet Erde dringend Hilfe benötigte, denn andere Wesen wollten die Seele Gaias, den Planeten der Göttinnen, unterdrücken.

Wie war es für dich, als du dich entschlossen hast, diese wunderbare Heimat für unbestimmte Zeiten zu verlassen, in dem Wissen, dass du von der universellen Energie getrennt sein wirst?

Erinnere dich der ersten Male in Mu und Lemuria, als wir auf der Erde weilten, als dieser Ort, an dem du jetzt wieder bist, auf der Erde zu Hause war und die brennende Sonne noch nicht den Himmel beherrschte.

Erinnere dich der wunderbaren Gemeinschaft und der Geheimnisse der Kristalle, deren Hüter wir gemeinsam mit den Walen und Delfinen in den Meeren waren. Und wenn die Erinnerung nicht klar und deutlich kommt, dann lass dir hier und jetzt alles erzählen, bis du es tief in dir fühlst.

Lass dir alle Bilder zeigen, die du heute benötigst. Schaue vor dich. Auf dem Kristallboden vor dir entfalten sich alle Hologramme, damit du dich voll und ganz an dein Sein als strahlendes Licht auf der Erde erinnern kannst.

Erinnere dich, wie es ganz zu Anfang auf der noch jungen, lebensüberquellenden Erde war. Erinnere dich, wie es war, als wir uns noch zu jeder Zeit wieder in die Heimat begeben konnten, um neue Kraft und Energie aus der Quelle zu tanken.

Frage nach, und du wirst die Antwort erhalten von all den liebevollen Wesen, die um dich herum in altvertrauter Gemeinschaft mit dir wieder versammelt sind. Schaue dir die Bilder an, die sie dir zeigen, und bringe sie in deine eigenen Worte.

Erinnere dich, wie es kam, dass unser Körper stofflicher wurde und wir die Fähigkeit verloren, diese Reisen in andere Dimensionen zu jeder Zeit unternehmen zu können.

Erinnere dich, was du fühltest, als wir Lemuria in diese Dimension emporhoben. Erinnere dich, wenn du dabei anwesend warst.

Erinnere dich, wie strahlend schön, so wie du es jetzt hier erfährst, die junge Erde und die gesamte Schöpfung auf der Erde waren. Indem du dich erinnerst, legst du den Kanal, damit Lemuria auf Erden wieder manifest werden kann. Erinnere dich, Göttin, Gott aus dem Licht, im Licht, als das Licht, das du bist.

Warum musste die Göttin ihre Energien von der Erde

nehmen, und warum erklärtest du dich bereit, diesen Verlust zu akzeptieren und mit Gaia zu verweilen?

Wenn du all das in dir neu erinnert hast, erklären dir diese wundervollen Wesen, die hier bei und mit dir versammelt sind, die weiteren Aufgaben der Delfine auf dem Planeten Erde in dieser heutigen Zeit.

Delfine und Wale sind auch dazu auf der Erde, die universellen Schwingungen so zu regulieren, dass jeder Mensch zu jeder Zeit das Licht in sich selbst finden kann.

Sie hüten die Schätze der Erde. Durch tiefe Höhlen auf dem Grund des Ozeans, die die Erde durchziehen, ziehen sie ihre Bahnen, um die Geburten der Edelsteine zu behüten. Schaue selbst in das Hologramm, das vor dir erscheint. Erfahre selbst, wie sie ihre Aufgaben erfüllen. Schwimme an ihrer Seite durch die Höhlengänge und schaue ihnen bei ihrer Arbeit zu. Nimm wahr, wie sie die jungen Edelsteine, die sie von Timarilamaa auf die Erde bringen, verteilen und deren Wachstum überwachen.

Delfine und Wale erstellen identische Kreise auf dem Meeresboden, wie sie als Kornkreise auf der Erdoberfläche zu finden sind. Mit diesem Gleichgewicht sorgen sie dafür, dass die reine göttliche Energie mehr und mehr die Schwere der Dimension durchdringen kann. Diese Symbole binden die Dunkelheit und sind Tore des Lichts.

Sie sind die Hüter der Kristalle und richten diese im Erdinneren immer wieder so aus, dass wir auf der Erde die Verbindung zur wahren Heimat erinnern können. Sie lenken die Energien des großen Kristalls in Timarilamaa so, wie es für die Seele der Erde hilfreich und heilend ist. Seit Jahrtausenden tun sie das, und heute ist endlich wieder die Zeit erreicht, dass mehr und mehr Menschen dieses Licht erfahren und tanken können. Du kannst, wenn du diesen Ort hier verlässt, dieses Licht direkt in die Welt hineintragen. Du bist dann zu einem wahren Lichtträger, Lichtbringer, geworden.

Höre genau hin, was diese Wesen dir noch alles erklären, damit du dir deiner eigenen Aufgabe auf Erden immer mehr bewusst wirst. Wie kannst du die Kristalle, die sich auf die Erde begeben haben, in ihrem Wirken, ihrem Sein und ihrer Fähigkeit zu heilen unterstützen? Wie kannst du ihnen zurückgeben, was sie dir schenken?

Wenn du alles erfahren hast, wirst du eingeladen, eine kleine Stadtbesichtigung zu unternehmen. Schwinge dich auf den Rücken deines Wals und lass dich durch die Straßen der Stadt tragen. Schaue dich um und nimm alles tief in dich auf. Die Erinnerung wird zu einer Gewissheit. Das ist dein wahres Zuhause, das du zurückbringen kannst auf die Erde.

Shareiam und *Machalachacharian* winken dir zu. Sie bitten dich, jetzt mit ihnen den Rückweg zu dir selbst zu beschreiten. Verabschiede dich von deinen alten, neuen Freunden in der Kristallstadt.

Auf den Stufen des Kristallpalasts liegt ein Geschenk für dich. Nimm es an dich, erkenne seine Symbolik und verankere es tief in deinem Herzen.

Shareiam und *Machalachacharian* schweben jetzt neben dir, und gemeinsam bewegt ihr euch auf das herrliche Gebirge zu. Du bist geblendet vom wunderbaren Glanz des Larimargebirges, das von klaren Lemuria-Kristallen durchzogen ist.

Atme die Energie tief in dich ein. Ihr steht direkt vor einem Tafelberg, und eine Treppe führt hoch hinauf auf die Plattform.

Du weißt, dass du am Fuße dieser Treppe vor Andacht weinen musst, weil dort oben die große Schöpfergöttin und ihr männliches Dual, der liebende Gott der urteilsfreien Liebe, in vollkommener Synthese verbunden ihren Sitz haben. Atme ihre Nähe, tanke ihre Liebe, nimm ihre Geschenke in völliger Selbstermächtigung entgegen.

Dann stelle dich aufrecht hin. Hebe deine Arme Göttin und Gott entgegen. Sprich jetzt die Worte zu ihnen, die in deiner Seele schlummern. Und während du sprichst, erreicht dich im gleichen Augenblick ein strahlender Lichtstrahl von oben. Dieser Lichtstrahl, der alles beinhaltet, was Schöpfung ist, aus der Quelle selbst beseelt, tritt sanft in dein Kronenchakra ein. Dieses schimmernde, vor Lebendigkeit sprühende Licht badet dein ganzes Wesen in das Licht der Quelle, in das Licht deiner eigenen Göttlichkeit.

Atme tief ein und aus und nimm den Segen der vollkommenen Synthese von weiblicher Schöpfergöttinenkraft und liebender männlicher Gotteskraft in dich auf. Atme, tanke, trinke das Licht. Fülle dich mit dem Licht aus der Quelle und sei ganz und gar eins mit ihr.

Du bist geweiht in das Licht der Quelle. Das Licht, aus dem die große Schöpfergöttin sich selbst in das Leben gesungen, geträumt hat, ist jetzt wieder fest in dir verankert, und nichts kann dich je wieder davon trennen; es sei denn, du stimmst zu. Du bist eingebettet in das Licht, aus dem Alles-was-ist sich in das Leben liebte, so, wie du selbst es einst warst. Trage dieses Licht immer in deinem Herzen. Nimm es mit in deinen Alltag und sei der Welt ein Licht.

Das schimmernde Licht durchflutet und umkreist dich. Und du spürst in dir, dass du ganz und gar heil wirst. Heil an Körper, Geist und Seele. Lass dieses Licht jetzt durch deinen Lichtkanal fließen. Lass es durch jede deiner Zellen und Poren nach außen strömen. Fühle, wie es deine DNA heilt und du mit einer ganz neuen, reinen Aura nun wieder zu dem Wesen erhoben bist, das du von Anfang an warst.

Du spürst, wie das Licht dich jetzt sanft emporhebt. Es trägt dich direkt auf die Plattform, und du stehst vor der großen Schöpfergöttin, aus der alles entstanden ist, was ist, in allen Dimensionen, in allen Universen. Fühle, was du fühlst. Fühle, was du bist. Werde wieder, was du von Anbeginn an warst. Sei und nimm mit in deinen Alltag, was du jetzt wieder bist.

Die große Schöpfergöttin hüllt dich erneut ein in das reine Licht der Quelle. Du erkennst, wie sehr du eins bist, wie sehr du verbunden bist, in völliger Individualität mit Al-lem-was-ist. Dehne dich aus. Sei das Universum, sei das Leben, sei die Quelle selbst. Nimm deine Einweihung hier in der Heimat der großen Schöpfung andachtsvoll, demü-tig und voller göttlichem Stolz, in der tiefen Bewusstheit deines wahren Seins, in Empfang.

Fühle das Glück des Lebens in dir. Spüre die Schöp-ferkraft, die neu und harmonisch in dir erwacht ist. Fühle dich als Teil der Quelle!

Sende dieses Glück des Lebens, das Licht der Quelle, jetzt, hier an diesem heiligen Ort, in dein Leben auf der Erde hinein. Stelle dir jeden Winkel deiner Räume vor und erfülle all deine Lebensräume mit dem Licht der Quelle in dir.

Rufe dir jeden Winkel deines Seins hierher an diesen heiligen Ort. Erfülle nun alle und alles mit dem reinen Licht der Quelle, das aus dir strahlt. Du fließt über von Licht.

Erhelle damit hier an diesem heiligen Ort jeden Winkel deines Lebens auf Erden. Bringe alles in vollkommene Harmonie.

Erkenne, was du loslassen möchtest, erkenne, was du in dein Leben rufen möchtest mit deiner neuen Anziehungskraft der Schöpferkraft in dir. Manifestiere dir hier und jetzt dein neues, phantastisches Leben auf Erden. Manifestiere dich selbst zum Magneten für vollkommenen Wohlstand auf allen Ebenen deines lichtvollen Seins.

Wenn du dieses vollkommen getan hast, dann verankere fest das neue göttliche Licht in dir. Und dann, wenn die Zeit für dich stimmig ist, nimm Abschied von diesem wunderbaren Ort.

Andächtig und glücklich besteigst du deinen wundervollen Wal. Nimm auch Abschied für heute vom herrlichen Kristallpalast in der traumhaften Kristallstadt, die nun wieder deine Heimat ist.

Verschmilz wieder mit dem Wal, der dich jetzt zur Oberfläche des Seiden-Ozeans zurückträgt. Bleibe ganz und gar in deiner andachtsvollen Freude, in deinem neu erwachten Stolz deiner erwachten Schöpferkraft, die direkt aus der Quelle ihre Selbstermächtigung zurückerhielt.

Im seichten Wasser angekommen, verabschiede dich herzlich von diesem wunderbaren Walwesen. Auch

Shareiam verabschiedet sich von dir, denn sie möchte hier in der Dimension ihres Seins noch ein wenig verweilen.

Du gehst an der Seite von *Machalachacharian* auf das Haus zu und erkennst, dass deine neue Freundin noch immer auf dich wartet. Erzähle ihr von deinen Erlebnissen und lausche, ob sie noch Ergänzendes hinzuzufügen hat.

Nun erhebt sie sich. Sie geht in das Haus hinein und kommt heraus mit einem weiteren Geschenk, ganz persönlich für dich. Nimm das Geschenk in Empfang und schaue in dein Herz, welches Geschenk du ihr überreichen kannst. Irgendetwas trägst du mit dir, das ihr Freude machen wird.

Lass dir erzählen, welchen Anteil sie an deinem Leben hat und wie du ihre Unterstützung in dein Leben integrieren kannst.

Nun nimm Abschied. Nimm ihren Segen in Empfang.

Machalachacharian führt dich zurück in deine Dimension. Verabschiede dich von ihm. Komme zurück in deine Gegenwart und schreibe sofort alles nieder.

Integration der Kristallpalast-Ermächtigung

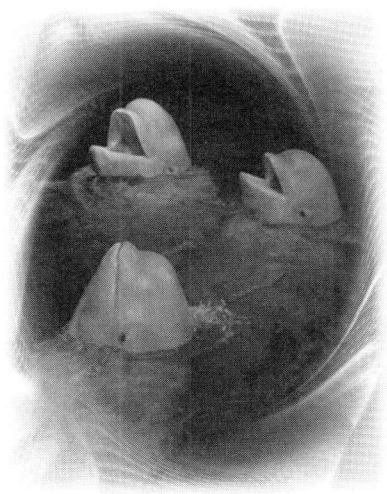

Hiermit schließt sich der Kreis, und du hast deine vier Einweihungen in die Delfin-Kristallpalast-Ermächtigung erfahren.

Ich hoffe, du hattest wunderschöne Einweihungserfahrungen und deine Integration findet auf sehr sanfte Art und Weise statt. Du kannst diese Arbeit am besten in dein Leben integrieren, wenn du immer wieder in Kontakt trittst und jede der Einweihung so oft wiederholst, wie du möchtest. Es gibt kein Zuviel. Mit jedem neuen Eintauchen in die Erfahrungen wird deine Einweihung gefestigt und mehr und mehr Bestandteil deines Lebens.

Bedenke, dass besonders *Machalachacharian* dich in diese Ebenen führen kann. Wenn es dir selbst also irgendwann schwierig erscheinen mag, dann rufe ihn, und er wird präsent sein.

In unserer Zeit ist es wichtig, dass wir als Lichtwirker, Lichtträger und Lichtbringer das Licht des Universums in uns tragen und es still und sanft durch unser Sein nach außen wirken lassen.

Fülle jeden Morgen deinen Lichtkanal mit dem Licht aus der Ebene der Quelle auf und lass dein Licht aus allen deinen Poren ausströmen. Verankere es dann mit einer symbolischen Geste, die du dir bereits erwählt hast.

So kann dich nichts mehr wirklich in deine alten Verletzungen zurückstoßen. Wenn das trotzdem geschieht, dann erkenne deine jetzige Aufgabe, diesen Spiegel zu reinigen, indem du anerkennst, dass diese Aufgabe JETZT in vollkommener Göttlichkeit geheilt wird.

Erkenne an, dass du eine besondere Aufgabe für dich selbst erwählt hast, und dann gehe auf deine Aufgabe zu, der Welt ein Licht zu sein.

Ich freue mich, wenn du diese Ermächtigung mit anderen Menschen teilen möchtest. Doch bitte halte dich an die Regeln.

Begib dich immer wieder in die einzelnen Ebenen deiner vier Einweihungen. Und, vor allem, begib dich immer wieder zu deiner neuen Freundin auf dem herrlichen Planeten.

Sie ist ein ganz besonderer Schatz für dich. Dieses herauszufinden ist deine ganz persönliche Aufgabe. Indem du in dir integrierst, was sie dir schenken möchte, indem du ihr hilfst, ihre eigene Sehnsucht zu erfüllen, kannst du deinen Quantensprung erfahren, denn es ist deine eigene, tief in dir verborgene Sehnsucht und Klarheit.

Vor allem, begib dich immer wieder in den Kristallpalast. Nimm die Energie deines Throns in dich auf. Fülle dich auf mit dem perlenden Elfenlachen und lass dein Sakralchakra durch dieses Lachen in dir heil, weit und segensreich werden. Vielleicht kaufst du dir einen besonders schönen Lemuria-Kristall auf der physischen Ebene, der dich unterstützen kann, die Verankerung stabil zu halten.

Du kannst auch immer wieder zu dem herrlichen Gebirge aus Larimar gehen und den Segen der Quelle erneut in dich aufnehmen. Ich bin sicher, wenn du dieses regelmäßig tust, wirst du die Meisterschaft bereits auf dieser Erde für dich selbst erreichen.

Ich wünsche dir viel Freude, Erfolg und Segen im Kristallpalast, eine wunderbare Integrationsphase und dass du mit sehr vielen Menschen deine Erfahrungen teilen kannst. Hierfür werden wir auch ein Forum einrichten. Die Adressen findest du im Anhang.

In Liebe, Licht und Segen,
Eva-Maria Ammon

Badezusatz, Auraspray, Meditations-CD und Adressen

In Zusammenarbeit mit den hohen Wesenheiten dieses Buches und der Weißen Schwestern- und Bruderschaft entstanden auch für dieses Selbsteinweihungs-System wunderbare Zusätze.

Der Badezusatz ist empfehlenswert vor jeder Einweihung, um dich energetisch auf die Energien einzustimmen und deinen Körper von überflüssigen Energien zu befreien. Auch zwischen den Einweihungen kann er dich immer wieder energetisch klären und erhellen. Du erhältst das Konzentrat in einem wunderschönen Organzabeutel mit drei Muscheln, die du deinem Bad zugeben kannst.

Das Auraspray klärt die Atmosphäre und reinigt den Raum. Es bereitet den Raum optimal auf die Energien der Wesen vor, mit denen du dich verbinden möchtest. Das Auraspray gibt es sowohl in der Blauglasflasche, wie auch in einem Taschenflakon, den du jederzeit und überall bei dir tragen kannst.

Zu diesem Buch wird im Omkara-Verlag die Meditations-CD erscheinen. Diese CD, auf der alle Einweihungsmeditationen und die Vorbereitungsmeditationen enthalten sind, ist untermalt mit Delfin- und Walgesängen, eingebettet in traumhafte Musik.

Das Bad und das Auraspray kannst du im Shop der Autorin beziehen unter

www.delfin-kristallpalast.de

oder

Blaue Lichtburg
Seminare & Vertrieb
In der Steubach 1
57614 Woldert
0 26 84 - 97 88 08
info@blaue-lichtburg.de
www.blaue-lichtburg.de.

Über www.delfin-kristallpalast.de findest du auch den Weg zum Forum, in dem du dich mit Gleichgesinnten austauschen oder eine kleine Gruppe finden und gründen kannst.

Die Meditations-CD erhältst du ebenfalls bei diesen Adressen.

Ich wünsche dir viel Freude, Licht und reichen Segen auf deinem Weg in das Licht, das du bist.

Eva-Maria Ammon
Metatron
Ancient-Master-Healing
Selbstermächtigung durch Selbsteinweihung
272 Seiten, A 5, broschiert
ISBN 978-3-938489-63-5

Die Einweihung in deine Selbstermächtigung ist ein wundervolles Geschenk an dich, an die Erde und an die Menschheit. Erst die jetzige Zeit mit ihren erhöhten Energien macht dieses Wunder möglich, dass du wieder zu dem erwachen kannst, was du in Wahrheit bist – Licht!
Diese deine Vollkommenheit wird dir überreicht durch Metatron, Miranlaya, Sananda, Lady Nada, Lady Gaia, Lady Kwan Yin und Saint Germain. Dieses Arbeitsbuch ist ein Buch zur Selbsteinweihung und ermöglicht dir, dich in Verbindung mit den Aufgestiegenen Meistern und Meisterinnen in die kraftvolle Energie der Quelle selbst einzuweihen.

Eva-Maria Ammon & Sananda
Tatort Jesus
Mein Neues Testament
360 Seiten, gebunden, mit Lesebändchen
ISBN 978-3-938489-77-2

Erfahre einen ganz neuen Jesus, der voller Liebe für die Menschheit und die Erde ist. Erfahre Heilung in ihrer Vollkommenheit. Dieses Buch ist ein wahrhaft heilendes Geschenk an die Menschheit. Allein das Lesen seiner Worte heilt die Wunden aus Kindertagen und eines ganzen Lebens, wenn wir endlich die Wahrheit aus seinem eigenem Mund vernehmen, die so ganz anders ist als die Religionen uns weismachen wollen. Tatort Jesus - Mein Neues Testament" ist revolutionär

Eva-Maria Ammon
Maria Magdalena – Jetzt rede ich!
428 Seiten, gebunden, mit Leseband
ISBN 978-3-938489-99-4

Noch ein Buch über oder von Maria Magdalena? Gibt es nicht bereits genügend davon? Ja! Es gibt mehr als genug davon. Und: Nein! Dieses hier fehlt noch, denn hier schreibt Maria Magdalena selbst ihre ganz eigene Geschichte. Erfahre sie ganz neu, als die große Göttin, Ehefrau, Lehrerin und Mutter, die sie in Wahrheit war, ist und bleiben wird. Magdalena schildert schonungslos offen und detailliert ihr Leben und Sein mit Jeshua. Ihr Lieben, ihren Zorn, aber auch ihr Leiden.
„So vieles sagt und schreibt ihr von mir. Ihr spekuliert, ihr recherchiert in eurer mangelhaften Geschichtsschreibung, ihr channelt mein Leben, meine angeblichen Lehren, und doch ist alles, was bisher geschrieben wurde, wenn überhaupt eine Wahrheit dabei ist, nicht einmal die halbe Wahrheit."

Eva-Maria Ammon
Aufgestiegene Meister bringen Heilung für die Welt
176 Seiten, A5, broschiert
ISBN 978-3-938489-19-2

Eva-Maria Ammon dient seit mehr als 20 Jahren als Channel Medium der Großen Weißen Bruderschaft, und so ist auch dieses Arbeitsbuch gemeinsam mit den Aufgestiegenen Meistern Sanandá, St. Germain, Sanat Kumara, Lady Nada, Kwan Yin, El Morya sowie dem Erzengel Ezechiel entstanden.
Nach intensiver Klärungsarbeit erfolgt eine Einweihung von St. Germain in die Violette Flamme des Aufstiegs, um dann im nächsten Schritt mit Lady Kwan Yin Karma erlösen zu dürfen – altes wie auch neues, das wir im Alltag immer wieder neu kreieren können.
Diese wunderschönen Botschaften und Übungen sind daher für viele Menschen eine praktische Hilfe auf dem spirituellen Weg.

Eva-Maria Ammon
Lady Rowena – Die Kraft der Göttin in dir
248 Seiten, broschiert
ISBN 978-3-938489-43-7

Lady Rowena
Die Kraft der Göttin in dir

Ein Heilungsbuch

Lady Rowena erinnert uns an unsere enge Verbundenheit mit Mutter Erde (Gaia), der Göttin (weiblicher Anteil der Quelle), den Kristallen und dem Universum.
Sie zeigt uns mit ihrer liebevollen Energie den Weg, wie wir das Heilsein und die Ganzheit in unser Leben integrieren und in Liebe Heilung in das Leben eines jeden bringen können.
Ein Praxis-Heilungsbuch für die Zeit der Weiblichkeit in jedem Menschen, die auf unserer Erde geschunden und verraten wurde und in uns allen neu erwachen will, damit Frieden, Liebe und Licht auf der Erde zur Wahrheit werden.

Petra Aiana Freese
Lady Portia – Die vier Kräfte der neuen Weiblichkeit
144 Seiten, A 5, broschiert
ISBN 978-3-938489-53-6

Auf Grund ihrer tiefen Liebe zur vollkommenen Schöpfung und der Großen Göttin macht uns die Aufgestiegene Meisterin Lady Portia ein Konzept zum Geschenk, mit dem wir uns als vollständige und freudvolle Wesen der Großen Göttin kennen, verstehen und lieben lernen, indem wir die vier Aspekte in uns leben und lieben: Die Priesterin, die Lehrerin, die Heilerin und die Kriegerin.
Mit ihrer Hilfe gelingt es, uns als Frauen klar und neu zu definieren und somit auch das mannigfaltige Leid unserer Ahninnen und das von Gaia zu heilen.
Und daher wünscht sie sich, dass auch Männer dieses Buch lesen und umsetzen, wenn sie bereit sind, sich auf ihre weibliche Seite einzulassen.

Ava Minatti
Avalon und der Artusweg
Altes Wissen für die Neue Zeit
376 Seiten, gebunden, mit Leseband
ISBN 978-3-938489-93-2

Hörst du den Ruf? Siehst du, dass sich die Nebel zu lichten begonnen haben? Und es Zeit geworden ist, nach Hause zurückzukehren? Zurück nach Avalon?
Avalon ist ein Symbol für die Fünfte Dimension. Der Artusweg bezeichnet den Weg dorthin. Beides ist untrennbar miteinander verwoben. Die Legenden um den Heiligen Gral, die Tafelrunde, König Artus, die magische Apfelinsel, Morgana und Merlin haben auch heute nichts an Aktualität und Gültigkeit verloren. Hier übermitteln diese dir das alte Wissen, damit du es im Hier und Jetzt integrieren und leben kannst.
Erlebe eine intensive Reise zu dir selbst, zu deinen Wurzeln, zu deinem wahren Wesen. Das Licht, die Liebe und die Weisheit von Avalon heißen dich willkommen. Du wirst erwartet. Sei gesegnet!

Ines Witte-Henriksen
Lady Rowena – Die Leichtigkeit der Seele
176 Seiten, broschiert
ISBN 978-3-938489-95-6

Der rosafarbene Strahl der Liebe strahlt in das Herzchakra ein, um es in seiner Liebesfähigkeit auf Erden zu bestätigen, damit die Saat der Liebe im Herzen aufgehen kann. In dem Maße, wie der Mensch lernt, sich selbst zu lieben und seine Seele zu achten, ist er fähig, die Liebe der Göttlichen Quelle aufzunehmen und in sein Leben fließen zu lassen. So lädt dieses Buch ein, Masken und Mauern fallenzulassen, um der eigenen Seele wieder näherzukommen.
Lady Rowena fördert die Vernetzung der Sinne mit dem Herzen und verbindet das Fühlen mit der Seele. Sie erinnert daran, dass wir in jedem einzelnen Moment unseres kostbaren Lebens eine neue Wahl treffen können. Möge es eine Wahl sein, die aus der Liebe zu sich selbst geboren ist.

Hanne Reinhardt
Gebt unseren Kindern das Lachen zurück
Botschaften aus der Geistigen Welt
344 Seiten, gebunden, mit Leseband
ISBN 978-3-938489-96-3

In Zeiten der großen seelischen Verwahrlosung unserer Kinder steht eine ganze Gesellschaft fassungslos davor, wenn eines dieser Kinder zu einem Amokläufer wird. Dieses Buch deckt auf, WARUM unsere Kinder derart verzweifeln, dass einige von ihnen keinen anderen Ausweg mehr sehen.
Ein Buch, das nachdenklich stimmt und erschüttert. Und das soll es auch, denn die Geistige Welt ist nicht mehr bereit, diesen Missbrauch auf allen Ebenen an unseren Kindern gutzuheißen.
Wir sind aufgefordert, komplett umzudenken, um unser Gesellschaftssystem, unsere Einstellung zum Leben und zu uns selbst, aber vor allem unseren KINDERN gegenüber, zu verändern, damit die Perlen des Universums, wie sie die Geistige Welt liebevoll nennt, ihr Lachen und ihre Lebensfreude zurückbekommen.

Paulette M. Reymond
Ashtar Sheran
Willkommen in der Kosmischen Familie
200 Seiten, broschiert
ISBN 978-3-938489-97-0

„Ich, Ashtar Sheran, bin mit dem Kosmos seit Anbeginn der Zeit in Liebe stark verbunden. Meine Aufgabe ist es, dem Licht seinen Platz einzuräumen und die Erde und ihre Menschen in den Aufstieg in die Fünfte Dimension zu führen.
Nehmt Kontakt auf zu euren Sternengeschwistern. Sprengt eure Begrenzungen und nehmt euer multidimensionales Erbe an! Wir sind alle miteinander verbunden und verwoben und kreieren gemeinsam den neuen Himmel und die neue Erde. Jedes Wesen ist in diesen großartigen Reigen eingebunden und leistet das seine für das Ganze. Ihr seid also Schöpfergötter im Einsatz! Die Liebe ist die Quintessenz der ganzen Schöpfung. Denn wäre die Liebe nicht, würde sich der Kosmos auflösen!"

Margit Steiner
2012 hat gestern begonnen
Selbsteinweihung für den Aufstieg
120 Seiten, gebunden, mit Leseband
ISBN 978-3-938489-90-1

Schon seit einiger Zeit geistert das Jahr 2012 durch die Energiearbeit. Für die Autorin selbst ist 2012 keine Jahreszahl, sondern ein Energieereignis, das längst begonnen hat. Durch die Prozesse der Selbsteinweihungen schaffen wir den Energieraum, den wir für unseren Aufstieg brauchen und unterstützen so unsere körperliche, geistige und seelische Entwicklung. Durch die einzelnen Übungen und Weihen ist wird die Transformationen in Gang gesetzt, die sich im Alltag durch unsere Handlungen verstärken.
Heilung geschieht sozusagen „von selbst", da jeder – immer und überall – alleine an sich und für sich arbeiten kann.

Sabine Skala
DNA – die lichtvolle Spirale in uns
Kosmische Informationen der Galaktischen Förderation
152 Seiten, broschiert
ISBN 978-3-938489-94-9

Die Galaktische Föderation übermittelt uns wichtiges Wissen über unsere energetische DNA und erklärt uns das Zusammenspiel zwischen der DNA, unserer Seele, unserem Körper, der göttlichen Quelle und der Außenwelt. Wie wirken äußere Faktoren auf unsere DNA, und welchen Einfluss haben sie auf unser Leben? Was passiert mit Informationen, die wir empfangen? Wie wirken sich zwischenmenschliche Beziehungen auf unsere DNA und unser Sein aus? Wie können wir unsere DNA stärken? Der Galaktischen Föderation ist es sehr wichtig, dass wir mehr über uns wissen, achtsamer mit uns und unserer Umwelt umgehen und uns bewusst werden, welchen äußeren Einflüssen wir ausgesetzt sind.

Kerstin Simoné
Thoth – Die Offenbarungen, Band II
Erwachen aus der Illusion
ca. 200 Seiten, gebunden, mit Leseband
ISBN 978-3-938489-98-7

Der zweite Band von „Thoth - Die Offenbarungen" zeigt schon durch seinen Untertitel, wie intensiv und ehrlich Thoth uns in die nun unmittelbar bevorstehende neue Ära der Menschheitsgeschichte geleiten will, ohne dabei irreführende Schönrederei zu verwenden. Denn nach der Öffnung und Neuorientierung unseres Bewusstseins gilt es jetzt für jeden von uns, das „Erwachen aus der Illusion" auf allen Ebenen zu nutzen.

Die Grenzenlosigkeit und Wertigkeit allumfassender Liebe und ihr Kraft in den Zeiten des großen Wandels werden eindringlich und klar vermittelt, - Wahrheiten, mit denen wir in die Neue Zeit schreiten können.
Mit wichtigen Botschaften zu den großartigen, aktuellen Veränderungen auf Erden.

Christiane Tenner
Seth – Leben im Zeitalter des Wassermanns
296 Seiten, A 5, broschiert
ISBN 978-3-938489-88-8

Seth, der durch die Bücher von Jane Roberts bekannt wurde, meldet sich mit einem neuen Werk zurück. Sowohl Gaia als auch die Menschheit sind tiefgreifenden Veränderungen unterworfen. Eingeleitet durch den Beginn des Wassermannzeitalters macht sich die Menschheit auf, Gaia bei ihrem Aufstieg zu begleiten. Seth liefert einen praktischen Leitfaden mit Themen, die den Alltag eines jeden von uns betreffen, und Anleitungen, sich auf diese Veränderungen bewusst einzulassen. Dabei geht er auf gesellschaftliche, strukturelle sowie individuelle Veränderungen ein und zeigt Tendenzen in der Entwicklung aktueller Themen von Mensch und Gesellschaft.

Petra Aiana Freese
Maha Cohan – Quantensprung im Wandel der Zeit
218 Seiten, broschiert
ISBN 978-3-938489-79-6

Maha Cohan bietet uns die Möglichkeit, in ein erweitertes Bewusstsein hineinzuwachsen, und auf, in und mit Gaia einen „Quantensprung" herbeizuführen, der seit unendlichen Zeiten die Menschen inspiriert und sie auf ihrem langen Weg geführt hat.
Der Weg zu Weisheit geht über das Wissen, das von einem freien Herzen und einem freien Geist gehütet und weitergegeben wird.

Mögen die Weisheit, die Güte und die Liebe des Maha Cohan dich erreichen, einhüllen und führen.